Johanna Kurić, Josef Raischl (Hg.)
nahe sein, loslassen

Johanna Kurić, Josef Raischl (Hg.)

nahe sein, loslassen

Spirituelle Erfahrung in der Begleitung von Sterbenden

HERDER

FREIBURG · BASEL · WIEN

Zugunsten des Christophorus Hospiz Vereins e.V. München

www.chv.org

Redaktion: Gabriele Hartlieb
Umschlagmotiv:
Gabriele Domay, Ohne Titel. Aquarell, 1990. Privatbesitz

Satz: Weiß – Grafik & Buchgestaltung, Freiburg
Druck und Bindung: fgb · freiburger graphische betriebe
www.fgb.de

Gedruckt auf umweltfreundlichem, chlorfrei gebleichtem Papier
Printed in Germany

ISBN 3-451-28233-X

Allen, die sich behutsam und mutig
den Herausforderungen der
Lebensbegleitung im Sterben stellen,
insbesondere Pater Reinhold Iblacker SJ,
einem der Väter der modernen
Hospizbewegung in Deutschland und
langjährigem Vorsitzenden des
Christophorus Hospiz Vereins e.V. München

Inhalt

Vorwort

In den Teilen der Welt, in denen das Gesundheitssystem durch eine technologisch hochentwickelte und komplexe Medizin geprägt ist, sind Bemühungen, die Patientenbetreuung menschlich zu gestalten und die Integrität der einzelnen Person zu schützen, besonders wichtig. Dies ist vor allem für die Menschen von größter Bedeutung, die sich im Prozess des Sterbens befinden. Sterben ist mehr als ein biologisches Geschehen. Es ist ein gesamtmenschliches, soziales und spirituelles Ereignis.

Die moderne Hospizbewegung, die in der westlichen Welt entstanden ist, hat dem Wunsch nach einem menschenwürdigen Sterben in unserer Gesellschaft Gehör verschafft. Hospizbetreuung will körperliche, seelische und spirituelle Nöte lindern und Belastungen im menschlichen Miteinander verringern. Wünsche und Bedürfnisse von schwerkranken Menschen und deren Angehörigen stehen im Mittelpunkt der Begleitung. Leider wird gerade der spirituelle Anteil eines Patienten häufig vernachlässigt. Für die Mitarbeiter/innen im Gesundheitswesen besteht die Herausforderung darin, die spirituelle Dimension der Patientenbegleitung zu erkennen und die nötigen Ressourcen dafür zu erschließen.

Aber was bedeutet das überhaupt: Spiritualität? Worum geht es dabei?

Für Begleitete und Begleiter/innen stellen sich angesichts des bevorstehenden Lebensendes häufig Fragen nach dem Sinn von Leben und Leiden. Lebenshaltungen und Glaubensbilder können erschüttert werden. Die Konfrontation mit dem zu erwartenden Tod lässt Menschen nach neuen Orientierungen suchen. Was Menschen in der Situation erleben, wird nach einer Annäherung an das Thema aus drei Perspektiven beleuchtet. Jürgen K. schreibt zwei Wochen vor seinem Tod im Alter von 33 Jahren über seine „Lebenswerte". Hospizmitarbeiter erzählen die Geschichte einer 85-jährigen Uroma, die in ihren letzten Lebenswochen von ihrer Familie betreut wird. Beate, 50 Jahre, gibt uns Einblicke in ihre innere Auseinandersetzung in den letzten Lebensmonaten; diese Prozesse werden von Bernadette Raischl, ihrer Psychotherapeutin, geschildert.

Der Christophorus Hospiz Verein in München, der älteste Hospizverein in Deutschland, hat sich im Rahmen von Vortragsreihen den verschiedenen Aspekten von Spiritualität in Bezug auf Sterbebegleitung gewidmet. In diesem Buch haben wir einzelne Vorträge ausgewählt und möchten damit Ihnen als Leserinnen und Leser einen Zugang zu diesem Thema bieten. Die Vorträge wurden überarbeitet und gekürzt.

In den folgenden Beiträgen stellt sich angesichts der Komplexität dessen, was Spiritualität meint, auch heraus: Spiritualität scheint auf im Gewahrwerden der Verknüpfung innerer und äußerer Handlungen; in den Fragen: Wie geschieht die Vermittlung zwischen meiner Innen- und Außenwelt, wovon lasse ich mich bestimmen und leiten? Wie kann ich mich als Begleiter/in individuell, das heißt mit meiner je eigenen Spiritualität, an die individuelle Spiritualität des oder der Sterbenden annähern (Marion Küstenmacher)?

Vielleicht muss diese Annäherung nicht immer ausdrücklich geschehen, etwa in Form eines religiösen Bekenntnisses, vielleicht kann auch die zum Hören bereite Begegnung zweier Menschen bereits Ausdruck einer gelebten Spiritualität sein, die auf eine Konfessionszuschreibung verzichten kann? Wie werden diese unterschiedlichen Formen der Spiritualität bewusst, welche Rolle spielen sie überhaupt bei der Begleitung Sterbender, errichten sie Grenzen oder bauen sie Brücken zwischen beiden Beteiligten? Kann Spiritualität auch als gemeinsame Fähigkeit zur Wahrnehmung seelischer Prozesse verstanden werden, die vor der Unausweichlichkeit des Todes nicht verstummen, sondern nach Sinn und Unsinn des individuell gelebten Lebens fragen?

Die Sprache der Bilder (Waldemar Pisarski), die einen die Wort-Sprache ergänzenden und erweiternden Raum bereitstellt, kann dabei ebenso als hilfreich und heilend erfahren werden wie das Vollziehen heilender Zeichen, von kirchlichen Riten und Ritualen, die sinnfällig transzendentes Geschehen verdeutlichen möchten (Andreas Ebert). Wie kann man als Begleiter/in mit Schuld und Trauer umgehen, wie lassen sich Verstrickungen, unter denen der oder die Sterbende leidet, lösen? Wie kann es gelingen, einen Ort der Hoffnung sichtbar zu machen? Gerade im Umgang mit der belastenden Schuld zeigt sich die Fähigkeit des Loslassens, zu der der Begleiter unterstützend helfen möchte (Karl-Ernst Apfelbacher). Peter Frör und Erika Heusler beleuchten die Grunderfahrung jeder Sterbebegleitung: In der Begleitung wird auch deutlich, was den einen vom anderen unterscheidet – Begleiter/in und Begleitete/r sind auf ihren je eigenen Wegen unterwegs, haben ihren je eigenen Glauben und ihre Zweifel, erleben neben dem, was sie verbindet, auch Trennendes. Wie können Begleiter/innen mit dieser Situation besser umgehen und dem oder der Sterbenden mit Verständnis begegnen?

Die Berührung der oft widersprüchlich erlebten Pole „Fachlichkeit und Spiritualität" (Elke Eilert) sowie „Ohnmacht und Macht" (Josef Raischl) gehören zur täglichen Herausforderung der Begleiter/innen und stellen nicht selten eine große Belastung dar. In diesem Zusammenhang darf die Frage gestellt werden: „Gibt es eine gelungene Sterbebegleitung?"

In einem abschließenden Beitrag schließlich wird der Horizont geweitet, wir laden Sie zu einer philosophischen Auseinandersetzung mit der Zeit ein. Karl-Dieter Ulke zeigt Wege auf, wie im achtsamen Umgang mit der Lebenszeit, die als Zeit der Begegnung verstanden und erfahren werden kann, Spiritualität sich im Verhältnis zu sich selbst, zur Welt, zu anderen Menschen und dem transzendenten „ganz Anderen" erschließt.

Die Grundlage zu diesem Buch, die Vortragsreihen des Christophorus Hospiz Verein e.V. München (CHV), hätte es ohne den Anstoß, das stete Vorantreiben und Koordinieren von Christel Orth, der Bildungsreferentin des CHV, nicht gegeben. Wir möchten uns bei ihr bedanken. Erwähnt werden sollen alle, die in langen Arbeitssitzungen an den Themen feilten: Johannes Samhammer, evangelischer Pfarrer i.R., Pater Werner Pieper OMI, katholischer Ordenspriester und Seelsorger auf der Palliativstation am Krankenhaus München-Harlaching, Eberhard Weidler, Beauftragter für Seelsorge und Trauer im CHV-Vorstand,

Arzt, Psychotherapeut, Theologe, Leiter eines Sozialpsychiatrischen Dienstes in München und Trauerbegleiter im CHV, Ilse Diez, Hospizschwester i.R. im Ambulanten Hospiz des CHV, und Toni Maier, katholischer Studentenseelsorger an der Fachhochschule München. Wir danken allen, die sich interessiert und engagiert an Gespräch und Auseinandersetzung beteiligten. Besonderer Dank gilt auch Agathe Eberspächer, die uns erste Mitschriften und Tonbandabschriften lieferte.

Auf Vermittlung von Maria Wittig konnten wir die Ikone vom Engel am leeren Grab aufnehmen, die Veronika Elisabeth Schmitt OCD vom Karmel Heilig Blut in Dachau gemalt und mit einem erklärenden Text versehen hat. P. Josef Sudbrack SJ reflektiert für uns auf biblischem Hintergrund diese Szene. Wir sind dankbar, dass auf diese Weise unser Buch den Blick über Sterben und Tod hinaus freigibt und eröffnet.

Nahe sein, loslassen, ein Thema, das unser ganzes Leben umfängt, kennzeichnet besonders die letzte Lebensphase des Menschen und seiner Angehörigen. Wir wünschen Ihnen, liebe Leserinnen und Leser, ein immer tieferes Hineinwachsen in die Spiritualität von Leben und Sterben.

Dachau, Karsamstag 2003

Sr. Johanna Kurić und Josef Raischl

Das göttliche Geheimnis zwischen Tür und Angel:

Annäherung

Eine Spiritualität für Lebende und Sterbende
von Marion Küstenmacher

Auf die so simpel anmutende Frage, was Spiritualität ist und wie man zu ihr findet, eine zufrieden stellende Antwort zu geben, scheint mir eine schier unlösbare Aufgabe zu sein – müsste ich sie alleine lösen. Dafür braucht man kompetente Gewährsmänner und -frauen, die ihr Leben darauf verwandt haben, diese Frage zu erforschen. Heilige sind darunter, Ordensleute und Laien, hochgebildete und sehr einfache Leute, lebenssatte alte ebenso wie blutjunge Menschen, Menschen von heute und Menschen, die schon lange tot sind.

Studiert man ihre ganz unterschiedlichen spirituellen Aussagen, so kann man zumindest eines grundsätzlich sagen: *Spiritualität ist der Versuch, Gott dadurch näher zu kommen, dass man sich persönlich, radikal, achtsam und ohne Vorurteile auf die Wirklichkeit einlässt.* Je näher man dabei der Wirklichkeit kommt, desto transpersonaler werden meine Erfahrungen. Sie führen mich zu dem, was ich nicht bin; und weiter zu dem, was ich eigentlich bin. Und schließlich zu dem, was Gott ist. Dabei gibt es eine Grunderfahrung: durch Loslassen (meiner Illusionen über Gott, Welt und mich selbst) komme ich zur Wirklichkeit. Wenn man es so formuliert, ist das Sterben selbst ein unerhört spiritueller Akt. Es ist das unbedingte Loslassen. Wenn es nicht der einzige spirituelle Moment unseres Lebens werden soll, dann geht es um die spirituellen Erfahrungen, die uns zuvor möglich sind und uns unserem letzten Atemzug entgegen reifen lassen.

Aber wie findet man zu dem, was wirklich ist? Die meisten spirituellen Traditionen behelfen sich damit, das Unsagbare in Bildern verstehbar zu machen. In der jüdisch-christlichen Tradition, die mein Zuhause ist, findet sich etwa das Bild der Tür.

Die Tür am Ende der Welt

Von einer geheimnisvollen Tür erzählt eine alte Geschichte aus der Zeit der christlichen Wüstenväter:

„Zwei Mönche lasen in einem alten Buch, am Ende der Welt gäbe es einen Ort, an dem Himmel und Erde sich berührten und das Reich Gottes begänne. Dort gäbe es eine Tür, an der man nur anzuklopfen brauche. Sie beschlossen, ihn zu suchen und nicht umzukehren, ehe sie ihn gefunden hätten. Sie durchwanderten die Welt, bestanden unzählige Gefahren, erlitten alle Entbehrungen und zahlreiche Verwundungen und kamen schließlich zu der Tür. Sie klopften an und sahen bebenden Herzens, wie sie sich öffnete. Und als sie eintraten, standen sie zu Hause in ihrer Klosterzelle und sahen sich gegenseitig an. Da begriffen sie: der Ort, an dem das Reich Gottes beginnt, befindet sich auf der Erde, an der Stelle, wo wir hingestellt sind."

Die Tür, so sagt diese Geschichte, führt nicht allein zu Gott, sondern zu mir selbst. Spiritualität führt nicht aus dem Leben hinaus, sondern ins Leben hinein. Sie führt nicht nach oben – eher nach unten. Sie führt nicht von mir weg, in ein fernes jenseitiges Paradies, sondern direkt in meine diesseitige Welt. In mir beginnt das Reich Gottes. Damit taucht auch schon ein Problem auf: ist Spiritualität einfach eine Art religiös verbrämter Egotrip? Ist Selbsterfahrung ein grandioser Tanz ums goldene Kalb des eigenen Egos?

Von der Türangel

Diese Falle gibt es, man muss sie kennen. Der Mystiker Meister Eckhart sagt dazu folgendes: Um einem Egotrip vorzubeugen, ist es wichtig, den Unterschied zwischen innerem und äußerem Menschen zu kennen. Stell dir vor, jeder Mensch besteht eigentlich aus zwei Menschen, dem inneren und dem äußeren. Dem äußeren Menschen dienen seine fünf Sinne, aber wirken können diese fünf Sinne nur durch die Kraft der Seele. Damit ist die Kraft der Seele aber noch lange nicht erschöpft. Alle ihre weiteren Kräfte möchte sie dem inneren Menschen zur Verfügung stellen.

Wenn man nun aber den inneren Menschen ganz vergisst und sich ausschließlich auf äußere Dinge konzentriert, dann wird die Seele ihrer Kraft beraubt. Es gibt nur den äußeren Menschen, auf den Austausch mit dem inneren Menschen muss die Seele dann verzichten. Dabei könnte es auch folgende Lösung geben: Der äußere Mensch ist aktiv und der innere Mensch bleibt trotzdem lebendig und frei. Am besten, so Meister Eckhart, stellt man sich das wie bei einer Türe vor. Der aktive Teil in uns entspricht dem Türblatt, das bewegt wird, das auf- und zugeht. Allerdings bleibt die Türangel, in der die ganze Tür hängt, ruhig und wird nicht im geringsten verändert. Die Angel, das ist der innere Mensch.

Und Spiritualität wäre dann das gelungene Zusammenspiel zwischen Türblatt und Angel, zwischen äußerem und innerem Menschen, zwischen Aktion und Kontemplation, zwischen Handeln in der Welt und Ruhen in Gott.

Innerer und äußerer Mensch

Das klingt einleuchtend und einfach. Aber schon kommen die nächsten Fragen: Was ist der äußere und der innere Mensch? Beide sind wichtig und gehören zusammen. Der aktive, äußere Mensch, das ist unser Ego, unsere Persönlichkeitsstruktur, die in der Welt steht und das Leben mit all seinen konkreten Aufgaben meistert. Ein gesundes, stabiles Ego erkennen wir an verschiedenen Merkmalen: dazu gehören ein klares Gefühl für Grenzüberschreitungen, eine gewisse Stärke der Identität („Das bin ich"), die präzise Unterscheidung zwischen Vergangenheit, Gegenwart und Zukunft und die Fähigkeit, die eigenen Wahrnehmungen mit den Wahrnehmungen anderer abzugleichen. Der äußere Mensch verlangt nachvollziehbare Tatsachen und füllt sich im Laufe der Zeit mit Ideen, Wertvorstellungen oder Pflichtgefühlen. Der äußere Mensch ist unser Schutzschild oder Pfadfinder in der sichtbaren Welt, solange er in dienender Verbindung zum inneren Menschen steht.

Der innere Mensch entspricht unserer kontemplativen Seite, der Seele, die eine rätselhafte, unergründliche Tiefe hat. Sie zeichnet sich durch Qualitäten wie Reinheit, Zartheit, Gewaltlosigkeit und grenzenlose Hingabefähigkeit aus. Wenn unser innerer, spiritueller Mensch gut entwickelt ist, so merken wir das an vier entscheidenden *geistlichen Fähigkeiten*: Erstens die Entschlusskraft, sich nicht allein vom äußeren Menschen (dem Ego) bestimmen zu lassen, sondern dem inneren Menschen (der Seele) die Führungsrolle anzuvertrauen. Zweitens ein geistliches Unterscheidungsvermögen, das Prioritäten setzen kann. Drittens ein klares Wissen darüber, dass man von nun an in einer beständigen Übung der Achtsamkeit steht, und viertens die Gabe, zu sehen „was wirklich ist". Dazu gehören spontane, direkte Einsichten in die Wirklichkeit und Wahrheit (mediale Fähigkeiten, Bilder, Visionen, „einleuchtende" Erkenntnisse).

Vielleicht haben kennen wir das Gefühl, weit entfernt von diesem idealen Schwingen der Tür zu sein, wo unsere aktive wie kontemplative Seite sich ganz versöhnt zeigen und gemeinsam auf Gott und die Welt einschwingen. Lassen wir uns nicht entmutigen! Vertrauen wir auf eine wunderbare Kraft in uns, die man bei den Tieren „Heimkehrvermögen" nennt. Es ist als wäre unsere Psyche mit einem inneren Zielfluggerät ausgestattet, das uns hilft, zu unserem heiligen Ursprungsort zurückzukehren und die Türen dort zu öffnen.

„Erhebt euch, ihr uralten Pforten!"

Es gibt einen alten Tempelruf aus Psalm 24,7, er ist Teil eines Liedes, das beim Einzug ins Heiligtum gesungen wurde: *Ihr Tore, hebt hoch euer Haupt! Erhebt euch, ihr uralten Pforten!* Was ist es, was hinter den „uralten Pforten" liegt? Sie schützen ein Heiligtum: *das Heiligtum unserer Seele.* Die meisten spirituellen Traditionen in Ost und West kennen diese Vorstellung von einem „Temenos", einem heiligen innersten Bezirk, einer unanschaulichen inneren Mitte.

Wir können etwa an den Apostel Paulus denken, der mit einem radikalen theologischen Gedankensprung das Allerheiligste aus einem äußeren Raum, dem Jerusalemer Tempel, in jeden Menschen hineinverlagerte. „Ihr selbst seid jetzt Tempel des Heiligen“, sagt er, und er benennt es mit einem Paradox: „Christus in mir und ich in ihm“, diese Einheit, das ist die neue Mitte, das Allerheiligste. *Seelenkern* war das entsprechende Wort für die deutschen Mystiker. *Seelenfünklein, Gotteskämmerlein* sind Begriffe aus dem deutschen Pietismus. Und in der Psychologie heißt es heute *Wahres Selbst.* Die Beschreibung des Mystikers Meister Eckhart dafür war: *„Ich habe eine Kraft in meiner Seele, die Gottes ganz und gar empfänglich ist. Gott ist mir näher, als ich mir selber bin.“*

In diesem inneren Raum wird dem Chaos ein Kosmos, eine Ordnung der Dinge abgerungen. Wie im Zentrum eines Wirbelsturms Ruhe herrscht, so ist der innerste Bezirk des Menschen ein Ort äußerster Ruhe und Gelassenheit. Jeder Mensch kennt die Sehnsucht nach der Mitte, in der er zu sich selbst kommen und aus der heraus er seinem Leben Ordnung und Sinn geben kann. Das war schon im 11. Jahrhundert so, als der große Kirchenlehrer Anselm von Canterbury liebenswürdig und weise schrieb:

„Nun sei es, Menschlein, fliehe ein wenig die Beschäftigung mit dem Irdischen, verbirg dich ein wenig vor deinen lärmenden Gedanken, wirf deine lästigen Sorgen weg und setze deine mühseligen Zerstreuungen beiseite! Sei ein wenig für Gott da, ruhe dich ein wenig in ihm aus! Gehe in das Gemach deines Geistes hinein, schließe alles aus – außer Gott und dem, was dir ihn suchen hilft! Suche ihn bei verschlossener Türe!“

Hinter verschlossener Tür liegt ein heiliges Gemach, ausdehnungslos und leer, in dem die Seele den göttlichen Urgrund finden kann. Besonders die Mystik sucht nach diesem inneren Gemach, und der Rat der Mystiker lautet stets: Geh zu dir selbst ein, und du findest in deinem Innersten Gott.

Der bestbewachte Ort der Welt

Dieser geheimnisvolle Seelenort in uns ist deshalb mit „uralten Pforten“ verriegelt und so gut verborgen, weil wir an diesem Punkt nicht nur unendlich empfänglich, sondern auch außerordentlich verletzlich sind. Es ist der Punkt unserer größten Hingabefähigkeit. Es ist der Punkt, wo unüberbietbares Nahesein und radikalstes Loslassen zusammenfallen können in der Begegnung mit dem Heiligen. Die Fremde, unsere Entfremdung von Gott, das ist der Schutzwall, den wir um unser Heiligstes gezogen haben, um unser wahres Selbst vor Verletzung zu schützen. Und darum gleicht unser innerstes Heiligtum oft weniger einem offen stehenden Tempel als einer gut befestigten Stadt mit fest verriegelten Toren. Warum?

Die verwundbarsten Stellen einer befestigten Stadt sind immer die Tore. Sie werden zum Schutz der Stadt geschlossen gehalten. Ein geöffnetes Stadttor ist dagegen Ort der Begegnung und des Austausches, es bringt Leben und Energie in die Stadt, signalisiert Beziehungsbereitschaft und Offenheit. Wenn wir nun unser persönliches Tor zu Gott anschauen, dann stehen wir vor der Entscheidung: Will ich es offen oder geschlossen halten? Geschlossen schützt es mich vor Verletzungen, aber es trennt mich auch. Es verhindert Austausch und Beziehung, den unmittelbaren Austausch mit dem Göttlichen. Entscheide ich mich dafür, das Tor zu öffnen, dann gehe ich das Risiko der vollen Selbst-Hingabe ein.

Mythische oder mystische Spiritualität

Wie wir uns an dieser Stelle verhalten, entscheidet darüber, ob wir eine *mythische* oder *mystische* Spiritualität entwickeln. Ganz gleich, in welcher Konfession oder Religion Sie sich umsehen, es gibt immer diese zwei Möglichkeiten:

Eine mythische Spiritualität entscheidet sich dafür, das Tor zum eigenen Allerheiligsten in der eigenen Seele geschlossen zu halten. Dann ist man zwar geschützt, dringt aber nicht selbst zum Kern des göttlichen Geheimnisses vor. Man kennt ihn allerdings durchaus vom Hörensagen. Aus der Tradition oder aus überlieferten Glaubenssätzen, die man glauben und für wahr halten kann. Wenn man an alle Dogmen glaubt, kommt man in den Himmel und ist gerettet. Wenn nicht, kommt man in die Hölle. Das ist eine „äußerliche" Religion, die etwas von außen gläubig annimmt, ohne dass sie zuvor eine innere Erfahrung damit gemacht hat. Sie muss von Mythen leben und darauf achten, dass diese ewig gleich und unverändert weitergegeben werden. Buchstabengläubigkeit und Fundamentalismus sind ihre typischen Fallen.

Umgekehrt kann man sich – im Fall der mystischen Spiritualität – dafür entscheiden, das Tor zum Allerheiligsten selbst zu öffnen. Das wäre der Weg der direkten Begegnung mit dem Göttlichen. Ich will meine eigenen, ganz persönlichen inneren Erfahrungen mit Gott machen, der in meinem Innersten verborgen ist. Man könnte diesen Weg also den der „innerlichen" Religion nennen oder den Weg der experimentellen oder mystischen Spiritualität. Auf diesem Weg widmet man sich dem spirituellen Experiment einer ganz persönlichen Erfahrung von Gott. Das war der Weg, für den sich in der jüdisch-christlichen Tradition die Propheten, Könige wie David und Salomo, Jesus, die Apostel, die Heiligen und die Mystiker und unzählige Unbekannte entschieden haben. Sie hörten den Ruf Gottes in sich laut und unmissverständlich: „Mach hoch die Tür, die Tore mach weit. Öffne die uralten Pforten" – und zwar selbst! Um des Lebens willen, um deiner Freiheit willen, um deiner Liebe willen, um Gottes willen, ja um der anderen Menschen willen. Und sie alle folgten diesem Ruf und Gottes sehnsüchtiger Einladung, obwohl sie damit ihre Sicherheit und ihren Schutz aufgaben.

Allerdings gibt es auch auf diesem Weg eine Falle: die der spirituellen Egozentrik und Abgehobenheit. Man meint dann, jeden Schritt zu Gott hin selbst erfunden zu haben und kann gar nicht sehen, „wie tief man aus der Kraft der Gnade lebt, die uns durch andere zuströmt" (Romano Guardini). In die Falle gegangen, kann man die reichen Schätze der spirituellen Tradition, die Erfahrungen anderer, die sichtbare Kirche neben der unsichtbaren nicht mehr würdigen. Das blockiert die Beziehungsfähigkeit und macht Menschen zu spirituellen Einzelgänger/innen oder inflationären Superheiligen oder Gurus.

Das Bild des Tores ist auch ein gutes spirituelles Symbol, um sich kritisch zu überprüfen: Wie verbunden mit anderen bin ich eigentlich? Wie gemeinschaftsfähig bin ich, wie offen für andere ist mein Tor? Habe ich für andere „Frieden in meinem Tor" geschaffen, wie es der Prophet Sacharja rät? Denn wer das innere Mysterium hinter den uralten Pforten in sich findet und es befreit, der tut es nicht nur für sich. Der schenkt es der ganzen Welt.

Ein Ort des Gerichts und der Erkenntnis

Schließlich gibt es noch eine weitere spirituelle, dunkle Symbolebene für das Tor. Im alten Israel war es auch der Ort des Gerichts. Hier wurde entschieden, was vor Gott und der Welt galt und was nicht galt. Im Tor wurde erkannt, was Recht ist. Das Tor war ein von allen zu durchlaufender Ort der Erkenntnis zwischen den beiden großen Schwellen im Leben, der Geburt und dem Tod. Und so war es auch Ort der Trauer, wenn man einen Menschen verloren hatte. König David, so wird im Alten Testament erzählt, lief „ins Tor", als er seinen abtrünnigen Sohn Absalom verloren hatte, zerriss sein Obergewand und weinte bitterlich vor Schmerz. Er ist im Tor: in dieser Schwellen- und Übergangssituation ringt er damit, die eigene Wunde aus Liebe und Leid, die ihm der Tod seines Sohnes zufügt, so anschauen zu können, dass sie ihn nicht in die Verzweiflung und Trennung von Gott führt. Von David im Tor kann man lernen: Die uralten Pforten müssen auch unser Leid, unseren Schmerz durchlassen können. Wir wollen mitsamt unseren Wunden und Verletzungen, mitsamt unserer Verzweiflung und Verlorenheit, mitsamt unserer Einsamkeit und Verlassenheit ins Allerheiligste kommen können. Das ist eine tapfere, vielleicht die tapferste spirituelle Bewegung nach innen hin zu dem unverlierbaren Urgrund, der die Seele trägt und durchträgt durch großes Leid, durch unser Sterben und durch unseren Tod.

Der Messias im Tor

Nicht nur David ist mit seinem Leid „ins Tor" gegangen; es gibt eine weitere Tor-Geschichte, die die Integration unseres Schmerzes verdeutlicht, diesmal aus der jüdischen Talmud-Tradition.

Ein Rabbi traf den Propheten Elija und fragte ihn: „Wann kommt der Messias?“

Elija antwortete: „Geh und frag ihn selbst!“

„Wo ist er?“, wollte der Rabbi wissen.

„Er sitzt im Stadttor“, antwortete der Prophet.

„Wie kann ich ihn denn erkennen?“

Da antwortete Elija: „Er sitzt, über und über mit Wunden bedeckt, mitten unter den Armen. Die anderen legen alle ihre Wunden auf einmal bloß und verbinden sie dann wieder. Er aber nimmt immer nur einen Verband ab und legt ihn sofort wieder an. Denn er sagt sich: Vielleicht braucht man mich gleich – wenn ja, dann muss ich immer bereit sein und darf keinen Augenblick säumen.“

Und so machte sich Rabbi Joshua auf, den Messias im Tor unter den Armen zu suchen. Als er ihn dort gefunden hatte, fragte er ihn: „Wann kommt der Meister?“

Und der Messias antwortete: „Heute.“

Da kehrte Rabbi Joshua zum Propheten Elija zurück und erzählte, was der Messias gesagt hatte. Und er fügte hinzu: „Eigentlich hat er mich belogen, denn er hat doch zu mir gesagt: ‚Heute komme ich' – und er ist nicht gekommen.“

Da blickte ihn Elija lange an und sagte: „Ach, Lieber, das hier hat er dir gesagt: Würdest du doch heute auf seine Stimme hören.“ (Aus dem Traktat Sanhedrin)

Jüdisch-christliche Spiritualität, hier verkörpert durch die Suche nach dem Messias, dem Erlöser, kann auch eine rätselhafte Begegnung im dunklen Tor der Wunden sein. Die

Begegnung mit dem Erlöser, nach dem wir uns sehnen, konfrontiert uns mit dem Leid der Welt, dem Leid Gottes und unserem eigenen Leid.

Viele von uns haben seelische Wunden, schmerzende, offene Wunden, die nicht heilen können. Sie zeichnen unser Leben bis ins Sterben hinein. Wir sind von unseren Verletzungen und Verwundungen nicht erlöst, weil sie nicht dem Erlöser gezeigt wurden, der sie in sein Leiden integriert hätte. Der unsere Wunde zu seiner Wunde gemacht hätte. Der Messias im Tor trägt die Wunden der Welt und ist bereit, sich von uns an seinen Wunden erkennen zu lassen.

Gemeinschaft der Verwundeten

Das Vertrauen eines spirituellen Menschen hört vor der eigenen Dunkelheit nicht auf, es geht mit hinein in diese Dunkelheit. Unsere verwundete Seite ist unser vergessenes Tor zur Begegnung mit dem Messias, weil sie das ist, was wir am wenigsten im Leben dabei haben wollten. Wenn wir dieses Tor verriegeln, sperren wir Gott aus einem Teil unseres Lebens aus. Wir verdrängen ihn. Die furchtbare Dunkelheit im verriegelten Tor, das ist das in uns verdrängte Licht, also der in uns nicht zugelassene Messias oder Christus. Im dunklen Tor beim Messias dagegen können wir Gott *unsere eigene Passionsgeschichte erzählen*. Der Messias ist da für genau diesen Moment. Er nimmt mich in die Arme und hält mich mit all meinen Wunden. Und wenn ich mich von ihm berühren lasse, ihn anfasse, erfasse, erkennen meine Sinne, die ihn berühren, dass er selbst verwundet ist. Ich fühle *seine* Wunden, *seinen* Schmerz. Im äußersten Winkel meiner dunklen Seele sitzt der verwundete Messias und weint um mich. Leidet mit mir, an meiner Stelle. Menschlicher kann Gott nicht gedacht werden. Und dann geschieht das Wunder: in der Gottesnähe können wir unserer eigenes Leid annehmen. Und werden frei für das Mittragen von fremdem Leid, fremder Verlorenheit, fremder Einsamkeit oder gar fremder Todesangst. Darin werden wir dem Messias ähnlich, in seinem Mitgefühl für andere leidende Menschen. Durch die *imitatio dei*, die Nachahmung von Gottes Liebe und Barmherzigkeit, lernen wir wieder, uns und andere ganz als Ebenbild Gottes zu sehen. Manche werden so zu Christusträgern, Nachfolgern und Nachfolgerinnen des heiligen Christopheros, indem sie in Krankenzimmern und an Sterbebetten Gottes Nähe verkörpern.

Mut und Gnade am Sterbebett

Vor Jahren unterhielt ich mich einmal mit einem alten Pfarrer über das Sterben und wie der Mensch sein müsse, der ihm dabei beistehen könne. Und er sagte mit einem Lächeln: „Ich hoffe, dass er mir hilft, meinen eigenen Tod zu sterben“. Wie soll das gehen, fragte ich. In der leisen Antwort steckte ein Luther-Zitat: In der Todesstunde braucht der Sterbende die Möglichkeit, „alle Sinne verschließen zu können“, „nichts wissen noch hören wollen, als was Gottes Wort sagt.“ Dann wird für die Seele das Loslassen an der Schwelle der „uralten Pforten“ leichter. Gott soll das Sagen haben, nicht der Begleiter, die Begleiterin.

Wie das aussehen kann, habe ich später in dem Buch von Ken und Treya Wilber „*Mut und Gnade*" gelesen[1]. Treya Wilber erkrankte an Brustkrebs, danach an einem Gehirntumor und schließlich auch noch an Lungenkrebs. Sie wurde in ihrem langen Sterben von ihrem Mann und guten Freunden begleitet. Wenn man dieses aufwühlende und zu Herzen gehende, zutiefst spirituelle Buch liest, bekommt man ein Gespür für die möglichen Tugenden eines guten Sterbebegleiters. Folgende gehören dazu:

1. Offenheit für den heiligen Raum

Ich visualisiere das Zimmer, in dem der oder die Sterbende liegt, als heilsamen, heiligen Raum, in den Gott einlädt. Indem ich einen gewöhnlichen Außenraum (mitsamt seinen Mängeln!) heilige, vollziehe ich das gleiche auch innerlich – und umgekehrt! Der Raum für das Heilige, der *Temenos* kann überall sichtbar werden, auch ganz konkret im äußeren Rahmen, dem Zimmer des Sterbenden.

2. Achtsame Enthaltsamkeit

Es empfiehlt sich auch eine gewisse *achtsame Enthaltsamkeit* vor der Begegnung. Vielleicht hilft dabei der Gedanke, sich auf ähnliche Weise zu sammeln wie vor einem Gottesdienst. Ich verzichte wenigstens fünf Minuten vorher auf Geschwätz, seichtes Geplauder, Streit, Vorwürfe, Jammern und alle anderen Ausdrucksformen unseres äußeren Menschen. Ich denke an Meister Eckhart und wedele nicht aufgeregt mit dem Türblatt, sondern konzentriere mich dar-

[1] Ken Wilber, Mut und Gnade. In einer Krankheit zum Tode bewährt sich eine große Liebe. München 1996.

auf, ruhig wie eine Türangel zu sein. Über die geistliche Kraft des Zusammenseins mit einem Todkranken wird auch in der Viertelstunde entschieden, die dem Zusammensein vorausgeht.

3. Innere Sammlung

Auch wenn meine Zeit knapp ist, die Zeit des Sterbenden ist noch knapper und er hat es nicht verdient, dass wir ihn mit Gehetze und Druck belasten. Wir sollten nicht in ein Sterbezimmer hinein hasten wie in einen Zug, den wir gerade noch erreichen. Ich komme erst einmal für mich zur Ruhe, bevor ich die Türe öffne.

Die innere Sammlung oder das innere stille Sich-Ordnen auf den Raum Gottes hin übt ein spiritueller Sterbebegleiter zuerst für sich selbst und dann erst stellvertretend für den Sterbenden, die Sterbende. Das geht ohne frommes Tamtam und bedeutet auch nicht, dass man sich von Heiterkeit und Humor verabschieden muss. Es ist eine Herzensübung, eine Art befreiendes Er-Innern und sanftes Zentrieren. Man macht sich dadurch bereit, Echo zu sein und das Wort Gottes als erster in sich widerhallen zu lassen, damit es der andere hören kann. Auch wenn mein äußerer Mensch mir die Ohren zuhält und verstopft hat. Unser innerer Mensch ist immer bereit, das Licht Gottes in der eigenen Seele aufzufangen und er vertraut darauf, dass sich Gott in ihm spiegelt. Wir können zum „Instrument" werden, „auf dem Gott seine Melodie spielt" oder zum „Fenster, durch das Gott sichtbar wird". Vergessen wir dabei nicht, dass wachsames Miteinander-Schweigen ein großartiges Geschenk für einen Sterbenden sein kann.

Gegen eine mögliche Selbstüberhebung oder Selbstüberforderung sei gesagt: Gottes Wort und Gottes Licht scheint oft nicht zuerst im Sterbebegleiter oder der Sterbebegleiterin, sondern im Sterbenden auf: *Sein* Weg hin zu den uralten Pforten, *sein* Eintreten in den heiligen Raum, *sein* Lauschen und Erspüren des Messias ist das Vorgeordnete. Das stärkt den Begleiter und tröstet und inspiriert ihn zu einem veränderten Hören und Wahrnehmen. Es macht eigentlich erst zum Begleiter, denn in diesem veränderten Hören empfängt man den Ruf und den Auftrag.

4. Zartgefühl

Zu den Tugenden gehört noch geistliches Zartgefühl, das vor Vulgarität (Unangebrachtheit, falscher Zeitpunkt, falscher Ort…) und der Sünde der Unangemessenheit bewahrt. Zu letzterer gehört das mangelnde Gespür für die *Rangordnung* des Lebendigen, für die Trennung von privat und öffentlich, von persönlich und gemeinschaftlich, von heilig und profan, Spott und Ehrfurcht.

5. Gebetsatmosphäre

Haben wir den Mut, als spirituelle Menschen immer und überall so da zu sein, dass eine „*Gebetsatmosphäre*" entsteht. Das heißt, dass man ein Gefühl dafür entwickelt, wie der andere, der oder die Todkranke, betet, oder anders ausgedrückt: wie er oder sie mit dem Heiligen in Kontakt kommt und Anteil haben kann an Gott und Gott an ihm, an ihr.

Wie kann eine „Gebetsatmosphäre" entstehen? Sie entsteht, wenn es den Sterbebegleitern gelingt, über die eigene persönliche Einschätzung und Sympathie oder Antipathie gegenüber dem Sterbenden hinaus etwas von der „Heiligen Idee" zu erfassen, die Gott für diesen einen todkranken Menschen hat. So, als stünde sie hier im Raum hinter dem Krankenbett an die Wand geschrieben und wir könnten sie ständig mit lesen. Gott hat für jeden einzelnen Menschen eine „Heilige Schrift" geschrieben. In ihr drückt Gott seine Ideen und Visionen dafür aus, wie er bereit war, sich ein Leben lang in uns zu inkarnieren und es auch oder gerade jetzt im Prozess des Sterbens tun will.

Die „Heilige Schrift" eines Sterbenden zu entziffern, sie mit ihm oder auch stellvertretend für ihn zu buchstabieren, das ist der spirituelle Dienst eines Sterbebegleiters. So gibt es also eine Gotteszentrierung bei der Sterbebegleitung: Man empfängt den Sterbenden für eine bestimmte Zeit von Gott und verweilt in Gottes Gegenwart mit ihm oder, noch genauer, man *dient* ihm in der Gegenwart Gottes.

Das befreit auch von eigenen Allmachtsfantasien oder ängstlichen Horrorvisionen. Und es macht demütig, weil ja ein Teil des Prozesses erst später oder nie sichtbar wird und sich damit unseren Augen entzieht, aber von Gott immerzu in Liebe und Barmherzigkeit angeschaut wird. (Vielleicht erinnern wir uns dabei an das Kirchenlied von Gerhard Teerstegen: „Gott ist gegenwärtig, lasset uns anbeten und in Ehrfurcht vor ihn treten").

7. Liebe zum Fremden

In den Spannungen zwischen dem Sterbenden und dem Begleiter: da kann es nötig sein, selbst in die Fremde der anderen Existenz gegangen zu sein wie in ein Exil, wie in ein Land, das zum Überleben hilft. Dann offenbart sich die Not des anderen und zugleich auch seine Kraft und seine Schönheit. Mühselig daran ist, den natürlichen Abstoßungseffekt zu verkraften und auszuhalten, wenn dieses Fremde nur noch befremdlich ist. Das macht uns aggressiv oder hilflos gegenüber dem Sterbenden und wir reagieren gegen diese Bedrohung mit Verstärkung der eigenen Abwehrmuster, um uns zu schützen.

8. Die Suche nach Ganzheit

Als Begleiter/in sollte man wissen: Es ist das *Ganze*, was wir im Tod suchen, um uns dort erlösen zu lassen. Es ist das *Ganze*, das zwischen Begleiter und Sterbendem wirkliche Nähe stiftet und zugleich Loslassen ermöglicht. Nur das *Ganze* trägt und hat die Kraft, die dem Tod standhält. Man braucht ein heilsames inneres Bild vom *Ganzen*, in das man das gebrochene Leben einbetten kann. Das *Ganze* ist unverlierbar bei den Toten. Nur die Lebenden müssen sich mit Bruchstücken begnügen.

9. Die Gemeinschaft der Heiligen

Eine provokante Einsicht: Die Beziehung zwischen Sterbendem und Begleiter ist dann geheiligt, wenn sie keine reine Sympathiegemeinschaft ist. Die kann nur zu schnell zusammenbrechen, wenn lediglich die Egos das Sagen haben. Die eigentliche Ebene ihrer Beziehung ist die der *communio sanctorum*, der *Gemeinschaft der Heiligen*.

„Die communio sanctorum übersteigt alle menschliche Gemeinschaft und sollte vor jeder Verwechslung mit irgendwelchen menschlichen Sympathie-Gemeinschaften grundsätzlich

geschützt sein… Wo das wirkliche Bekenntnis zur Gemeinschaft der Heiligen da ist, da kann die Fremdheit und scheinbare Kälte nur die Glut des echten Feuers Christi anfachen; …persönliche Wärme kann das Fehlen des Entscheidenden nur verschleiern, aber nicht ersetzen."[2]

10. Barmherzigkeit

Das wichtigste Merkmal scheint mir *Barmherzigkeit* zu sein. Barmherzigkeit verfällt, wie es Henry Nouwen einmal formulierte, weder der Distanz des Mitleids noch der Ausschließlichkeit der Sympathie. Barmherzigkeit kennt den Hunger nach Liebe genauso wie die Grausamkeit des eigenen Herzens. Barmherzigkeit hat ihre eigene innere Autorität, weil sie sich keinem Gruppendruck beugen muss. Barmherzigkeit führt in die Vergebung und bedarf der Vergebung. Jeder Mensch lebt eine spezielle Variante der Barmherzigkeit, sie steckt in unseren heiligen Charismen, die Gott uns gewährt als Gaben der Ebenbildlichkeit oder Ähnlichkeit mit ihm. Finden wir unser persönliches Charisma heraus. Ein Charisma ist noch etwas anderes als ein Talent. Ein Charisma ist ein Erinnerungsgeschenk Gottes an die Begegnung im dunklen Tor. Ein Charisma entsteht an der Stelle, wo die Dunkelheit unserer Seele von der Liebe des Messias erleuchtet wurde. Fällt die Liebe Gottes auf den Zorn, so wird daraus das Charisma der Sanftmut. Fällt sie auf Angst, wird daraus Vertrauen. Wenn wir unser Charisma nicht kennen, können wir andere danach fragen, es ist oft für uns selbst gar nicht sichtbar.

2 Dietrich Bonhoeffer, Sanctorum Communio, Bonhoeffer-Auswahl 1, Anfänge 1927–1933, München 1970, S.38.

Barmherzigkeit schützt auch vor der Versuchung durch *Kompetenz* und *Spezialistentum.* Je mehr sich der Blick schult, je klarer man in der distanzierten Diagnostik und Analyse ist, desto sorgfältiger wird man den viel mühsameren barmherzigen Blick einzuüben haben. Wenn wir das nicht merken, dann werden wir überheblich und anmaßend. Mit den Worten des jüdischen Religionsphilosophen Abraham Heschel: „Einem Menschen gegenüber anmaßend sein, ist gleichbedeutend mit Gotteslästerung."

11. Nüchternheit

Ein Sterbebegleiter sollte ein *nüchterner Kontemplativer* sein. Das ist eine sehr aktive und engagierte Form der Kontemplation. Der nüchterne Kontemplative am Krankenbett weiß, was an Täuschung und Selbsttäuschung hinter dem dunklen Vorhang unserer Schmerzsymptome zu sehen ist. Er sieht es, aber verurteilt es nicht. Er weitet statt dessen den Blick für das, was an Hoffnungszeichen dahinter liegt. Für den Kranken selbst, oder für die Angehörigen. Ausschlaggebend sind nicht die Irrwege und Irrtümer einer Seele, ihre Angst und ihr Zögern, die sich noch in die letzten Atemzüge mischen können, sondern ihre Zugehörigkeit zu Gott, auch wenn sie davon selbst nichts weiß oder wissen will.

12. Von Engeln begleitet

Auch das gehört vielleicht zu einem spirituellen Begleiter: Er weiß, dass unter uns Menschen Engel gegenwärtig sind. Sie stehen näher bei Gott als er selbst und bringen ihm Gott nahe. Rabbi Abraham Heschel empfiehlt, wieder ein

Bewusstsein dafür zu entwickeln, dass wir in der Begleitung von Engeln, den Dienern des Höchsten, leben. *„Wenn ein Mensch reist, ziehen Engel vor ihm her und Herolde rufen vor ihm aus: Macht Platz für das Ebenbild* (eikonion) *des lebendigen Gottes."* Das gilt wohl in besonderem Maß für die letzte Reise, die wir antreten. Es ist gut, im Zimmer eines Todkranken mit den Engeln zu rechnen, die jeden Menschen begleiten.

Kranke und leidende Menschen können diese Engel oft besser wahrnehmen als Gesunde. So nahe ist ihnen oft das Heilige, dass sie die Engel in uns und um uns sehen oder fühlen können. Wir lernen durch sie, dass das „Evangelium in sich die Einfalt der Engel hat und das macht den Menschen kindlich und süß gegen alle Menschen" (August Hermann Franke). Wenn die *Einfalt der Engel* ihren Platz im Sterbezimmer haben darf, so geht von ihnen eine große Klarheit aus.

Oft ist es ein Strom des Friedens, eine Gelassenheit und Freude, die sich in ihrer Gegenwart ausbreitet. Manchmal ist es die Strenge des Unausweichlichen … Ich habe das an eigenem Leib erfahren, als ich vor einigen Jahren im fünften Monat meiner Schwangerschaft eine Fehlgeburt erlitt. Die Herztöne des Babys waren bei einer Untersuchung sehr schwach gewesen und ich verbrachte eine schlimme Nacht voller Angst um unser Kind. In dieser Nacht sah ich einen Engel an mein Bett treten, der mit unausweichlicher Strenge und gleichzeitig voller Würde und Güte darauf wartete, dass ich bereit war, das Baby in seine Arme zu legen. Wenn es ein Traum war, den ich in dieser Nacht hatte, so war er wirklicher als die Wirklichkeit. Ich wusste am nächsten Morgen, dass das Herz unseres Kindes aufgehört hatte zu schlagen, noch bevor es mein Arzt feststellte. Nach dieser Erfahrung war mein Herz gebrochen und meine Seele lange Zeit wie versiegelt. Der Schmerz hatte meine Türe zum Heiligen Raum verschlossen. Aber es war auch, als ob ein Engel davor Wache hielt. Und Gott, das kann ich heute sagen, hat mich trotz verschlossener Tür wieder gefunden.

Durch geschlossene Türen

Erinnern wir uns an die Ostergeschichte: Jesus lässt sich von geschlossenen Türen nicht aufhalten. Er geht als Auferstandener durch verschlossene Türen, hinter denen sich die Jünger aus Angst und Leid verschanzt haben. Sie sitzen hilflos im Dunkeln und rechnen nicht mit ihm in der „dunklen Nacht der Seele" (Johannes vom Kreuz). Sie rechnen nicht mit Ostern. Von Gottes Seite aus, das hatten sie nicht bedacht, steht das Tor der Seele immer offen. Mitten in uns verborgen erwartet er uns sehnsüchtig und mit offenen Armen, damit das wahr werden kann, was uns bei Jesaja verheißen ist:

„Denn so spricht der Herr: Ich will die ehernen Türen zerschlagen und die eisernen Riegel zerbrechen und will dir heimliche Schätze geben und verborgene Kleinode, damit du erkennst, dass ich der Herr bin, der dich beim Namen ruft." (Jesaja 45,1 und 60,11T).

Vielleicht lässt es sich auch ganz einfach mit dem Dichter Rainer Maria Rilke sagen, in einem Satz aus den „Geschichten vom lieben Gott": *„... Ich denke mir, man kann ja nie wissen, ob Gott in einer Geschichte ist, ehe man sie auch* *ganz beendet hat. Denn wenn auch nur zwei Worte fehlen sollten, ja selbst, wenn nur noch die Pause hinter dem letzten Worte aussteht: Er kann immer noch kommen…"*

Wie kam Gott bis jetzt in deinem Leben vor?
Welche Türen zum Heiligen sind in dir verschlossen?
Wie schwer kann es in der Begleitung sein, eine geschlossene Tür zu achten?

Auferstehung

Manchmal stehen wir auf
Stehen wir zur Auferstehung auf
Mitten am Tage
Mit unserem lebendigen Haar
Mit unserer atmenden Haut.

Nur das Gewohnte ist um uns.
Keine Fata Morgana von Palmen
Mit weidenden Löwen
Und sanften Wölfen.

Die Weckuhren hören nicht auf zu ticken
Ihre Leuchtzeiger löschen nicht aus.

Und dennoch leicht
Und dennoch unverwundbar
Geordnet in geheimnisvolle Ordnung
Vorweggenommen in ein Haus aus Licht.

Marie Luise Kaschnitz

Menschen an der Schwelle des Todes:

Erfahrungsberichte

Das Leben ist ein Geschenk

von Jürgen Kasper († 2002)

An seinem 33. Geburtstag, nur wenige Wochen vor seinem Tod, bringt Jürgen Kasper im Bewusstsein einer bevorstehenden Lungentransplantation seine Lebenseinstellung zu Papier. Er ist in einem Großklinikum, wo er recht zuversichtlich gestimmt die vorbereitenden Untersuchungen über sich ergehen lässt.

Das Leben ist ein Geschenk, das ich in seinem Reichtum und seinen Herausforderungen annehme. Mein bisheriges Leben war davon geprägt, wobei ich mit der Annahme der Herausforderungen, mit den Entscheidungen meiner Lebensweggestaltung und mit der Fülle an erfahrenem Lebensreichtum sehr zufrieden bin. Einen Großteil meines vergleichbar jungen Lebens war von Inangriffnahme und aktiver Lebensgestaltung geprägt. Dennoch habe ich im Laufe meines Lebens erfahren und gelernt, Hilfe, Zuwendung, Liebe und Angenommensein anderer lieber Menschen anzunehmen und darüber Freude und Lebensreichtum zu erfahren. Es gibt allerdings Situationen, in denen ich gerade diesen Menschen nicht mehr zumuten möchte, als sie tragen können ...

Vor dem Tod habe ich keine Angst, wenn ich auch nicht weiß, was nach dem Tod ist. ... So will ich auch zum Sterben ja sagen in der Hoffnung, dass dies möglichst schmerzfrei geschieht. So wie ich vom Leben bewusst Abschied nehme, ja schon genommen habe, so will ich auch, dass meine Freunde und Lieben würdevoll und in Frieden von mir Abschied nehmen können.

Die Uroma geht

Von Roswitha Ebersberger und Josef Raischl

Frau B., 85 Jahre alt, seit sieben Jahren Witwe, lebt allein im Schwäbischen. Ende Oktober fährt sie mit dem Zug nach München, um in der Nähe ihrer Kinder eine Wohnung oder einen Altenheimplatz für sich zu suchen. Die Tochter (53) ist alleinstehend und in einer leitenden Position ganztags berufstätig. Der ältere Sohn (58) hat eine Familie, zu der auch zwei Urenkel von Frau B. (zwei und vier Jahre alt) gehören. Während ihres Aufenthalts in München bekommt Frau B. akute Schmerzen im Rücken. Ein Facharzt stellt ein metastasierendes Lungen-Karzinom fest. Den Angehörigen wird mitgeteilt, sie hätte nur noch wenige Wochen zu leben; mit ihr selbst sprechen sie darüber nicht. Die Tochter nimmt nun die Mutter zu sich. Unerwartet treten plötzlich starke Verwirrungszustände auf, so dass man die alte Dame nicht mehr allein lassen kann. Hirnmetastasen werden vermutet, eine genauere Diagnostik will niemand mehr. Die gesamte Familie hilft zusammen: Tochter, Sohn und Schwiegertochter wechseln sich mit der Betreuung ab. Die Verwirrungszustände stellen das größte Problem dar, weil sie vor allem nachts auftreten und Patientin und Tochter kaum zum Schlafen kommen. Die Angehörigen machen dabei sehr deutlich, dass es ihnen ein großes Anliegen ist, ihre Mutter zu Hause zu behalten, damit sie im Kreis der Familie in Frieden sterben kann. „Das sind wir unserer Mulli einfach schuldig!“

Bei einem Hausbesuch begrüße ich Frau B., die mich sehr freundlich empfängt und meint, dass es ihr ganz gut gehe, bis auf die Grippe, die nicht besser würde, und den „Eumel“ am Schulterblatt (große Metastase). Sie fragt mich dann direkt: „Wisset Se eichentlich, ob der Vati scho gstorbe is?“ Genau 50 Jahre war sie verheiratet gewesen.

Mitte November verfällt ihr Körper zusehends, die Verwirrtheitszustände steigern sich, zum Teil treten auch Wahnvorstellungen auf. Frau B. leidet in klaren Momenten selbst sehr darunter. Die Angehörigen sind an der Grenze ihrer Belastbarkeit. Die Tochter ist am Aufgeben, weil die Mutter sie so schikaniere. In einer Wahnphase wird sie sogar geschlagen und der Vergewaltigung bezichtigt. Hinter der akuten Notsituation sind die Grundkonflikte in dieser Familie zu spüren. Die resolute und dominante Mutter hatte es ihrer Jüngsten nie verzeihen könne, dass der Ehemann seine Aufmerksamkeit mehr ihr als der eigenen Frau zugewandt hatte. Die Tochter braucht Unterstützung und Schutz. Ihre Verletzung ist sehr spürbar. Ohnmächtig sieht sie, dass sie die Konflikte mit ihrer Mutter nicht mehr klären kann. Eine Zeit lang will sie es nicht hinnehmen und versucht die Mutter gewaltsam „aufzuklären“. Sie wolle ja ihre Lage nicht begreifen! Dabei ist es sehr deutlich: die Mutter weiß längst, was geschieht. Es hat keinen Sinn, sie zu bedrängen und eine Bestätigung von ihr hören zu wollen.

Die beiden Urenkel, die die Uri sogar in ihrer größten Verwirrtheit ansprechen können, lassen auf der anderen Seite Erinnerung und Freude in der Patientin aufflackern. Nicht selten sind sie die einzigen, die den Nebel der Verwirrtheit zu durchstoßen vermögen. Diese Verbindung über die Generationen hinweg schlägt einen großen Bogen der Versöhnung über die gesamte Familie, ein Zeichen der Ganzheit, der Zusammengehörigkeit und Heimat, ein Zeichen des Friedens.

Obwohl sich der körperliche Zustand von Frau B. sehr rasch verschlechtert, wird sie äußerlich und innerlich ruhiger. Es scheint, sie hat sich mit ihrer Situation ausgesöhnt. Vergangenheit und Gegenwart geraten häufig durcheinander, aber vieles bringt Frau B. auf sehr humorvolle, manchmal auf schalkhafte Weise vor. „Han i se mal wieda austrickst, aber der Vati weiß Bescheid!"

Mitte Dezember ist Frau B.'s rechte Hand stark geschwollen. Der Ehering schnürt den Finger bedrohlich ab. Es bleibt nichts übrig, als den Ring aufzuschneiden – eine Prozedur, die Frau B. seelisch zutiefst schmerzt, da sie diesen Ring 57 Jahre lang getragen hat. Der Sohn darf die Zange erst ansetzen, als er versprochen hat, ihr den Ring geweitet in wenigen Tagen wieder zu bringen.

Frau B. kann kurz vor Weihnachten überhaupt nicht mehr aufstehen, sie schläft die meiste Zeit, verweigert jede Nahrung und trinkt nur wenig. Schließlich nimmt sie gar nichts mehr zu sich und reagiert nur, wenn ihre geliebten Urenkel ans Bett kommen. Kurz nach Weihnachten schläft sie ruhig und friedlich ein.

Was eine todkranke Frau bewegt

Von Bernadette Raischl

Beate ist noch nicht fünfzig Jahre alt. Vor einem Jahr wurde bei ihr Darmkrebs diagnostiziert. Trotz mehrerer Chemotherapien sind mittlerweile Lebermetastasen aufgetreten. Zwei Jahre vor ihrer eigenen Erkrankung war ihr Ehemann an Krebs verstorben. Auf Empfehlung einer Palliativfachkraft kommt sie in meine psychotherapeutische und bewegungsanalytische Praxis. Sie lebt allein in einer Wohnung und ist umgeben von einem Netz guter Freunde.

Der therapeutische Prozess beginnt zehn Monate vor Beates Tod und umfasst 49 „Bewegungen“. In der bewegungsanalytischen Therapie folgt die Klientin eigenen, spontanen Bewegungsimpulsen oder interagiert mit der Therapeutin. Im Anschluss an eine Bewegungsfolge findet ein Gesprächsaustausch über die Erfahrung statt, wobei der Bezug zum Lebensalltag hergestellt wird.

Nach ihrer Motivation für die Therapie befragt, meint Beate, sie wolle sich noch entwickeln. „Manchmal möchte ich noch soviel leben! Und dann, wenn es mir schlecht geht, wenn ich unter Kraftlosigkeit leide, möchte ich schnell sterben.“

Das Loslassen und Sich-Anlehnen fällt ihr sehr schwer. Sie geht durch den ganzen Raum, an der Wand entlang, in alle Ecken, immer in dieselbe Richtung, bis sie zu weinen anfängt: „Ich bin wie im Käfig. Meine Krankheit ist mein Käfig… Ich mache mir den Käfig noch enger als er sein müsste.“

Beate bewegt sich sehr selbstständig, teilweise sogar mit geschlossenen Augen. Sie bezieht den Becken- und Brustbereich sehr aktiv mit ein. Die Hände formt sie zur Faust. Im Gespräch meint sie: „Po und Bauch brauchen noch mehr Aufmerksamkeit!" So macht sie mit kleinen Beckenbewegungen weiter: „Da, wo ich krank bin." Beate wird sehr traurig. „Und da, wo die Lust ist", sagt sie ganz kess. „Manchmal möchte ich noch soviel leben. Und manchmal, wenn es mir schlecht geht, wenn ich unter Kraftlosigkeit leide, möchte ich schnell sterben. Dann wäre ein Autounfall recht."

Ich frage sie, ob sie für Lust und Schmerz eine Bewegung finden kann. Sie beugt den Oberkörper, streckt langsam die Arme zur Seite und stimmt ein langgezogenes „Bäh!" an. „Es ist so zäh!" Das ist der Schmerz. Für die Lust richtet sie sich ganz auf und beschreibt mit den Armen einen großen Kreis über dem Kopf.

Ein andermal habe ich bunte Tücher mitgebracht. Beate legt ein dunkelgrünes Tuch auf den Boden; ich wähle ein lachsfarbenes und breite es über meinen Kopf. Plötzlich nimmt sie meines und bewegt sich damit, nimmt schließlich beide Tücher und experimentiert mit ihnen. Sie bedeckt ihren Kopf damit. Schließlich entsteht eine lachsfarbene Rosenblüte, die grün umrandet ist. Im Gespräch sagt Beate, dass sie zunächst große Abscheu vor „meiner" Farbe und dem Zudecken des Kopfes spürte. Das lachsfarbene („menschenfarbene") Tuch bringt sie mit Fleisch in Verbindung und ihrem krebsbedingten Ekel vor Fleisch. Dunkelgrün verbindet sie mit Wald und Ruhe. Es war

Neugier, die sie zu dem lachsfarbenen Tuch greifen und sich damit bewegen ließ. Dabei tauchten Bilder wie Schneeschmelze, Lava, Frühling, Lebendigkeit auf. In der Vereinigung von dunkelgrün und lachsfarben entstand für sie eine Rosenblüte. Und bei Rosen sei das gerade ihre Lieblingsfarbe!

In einer abschließenden Bewegung setzt sich Beate auf ihre Fersen und verdreht ihre Arme nach außen. Sie schmückt sich mit beiden Tüchern und bindet sie sich um ihren Bauch, den kranken Körperteil. Sie setzt sich wieder auf die Fersen zurück und breitet die Arme aus. -

Beate kauert auf dem Boden. Ich lege meine Hände lange ruhig auf ihren Rücken. Anschließend berührt sie erst mit ihren Händen meinen Rücken, legt schließlich ihren Kopf und ihren Oberkörper auf meinen Rücken und weint. „Ich spüre eine tiefe Traurigkeit. Und ich weiß nicht warum." Ihre Trauer geht im Laufe unseres Austausches in Wut über, vor allem auf ihre Schwiegermutter, die ihr schrieb, sie würde gern mit ihr tauschen. Im Rollenspiel sitzt sie ihrer Schwiegermutter gegenüber und beschimpft sie bitter: „Du hattest ja alles, Kinder, sogar Enkelkinder, bist 80 Jahre alt geworden, und ich?" – Am Ende dieser Stunde geht Beate voller Energie. Ihre anfänglichen Rückenschmerzen sind weg. Beim nächsten Mal berichtet sie, wie befreiend es für sie gewesen wäre, der Schwiegermutter mal so richtig die Meinung zu sagen.

Beate fühlt sich elend. Sie hat Schmerzen in der Lebergegend. Schwächere Schmerzmittel helfen nicht mehr. Dabei ging es ihr am Wochenende vorher noch so gut. Ein Freund war da gewesen. Sie hatte soviel Energie gespürt. Auch in der Arbeit war es sehr gut gelaufen. Sie hatte sich jetzt doch bei einer Fortbildung angemeldet, die sich über längere Zeit hinziehe. Und dann der Schmerz – wie ein Deckel. Er decke all das Positive wieder zu. „Ich habe eine Stinkwut auf den Krebs!" Im Gehen wirkt Beate wie gebremst. Resignation ist spürbar im Raum. In der Abschlussbewegung steht sie mit hängenden Schultern da und meint völlig niedergeschlagen: „Scheißkrebs!"

Beate sieht völlig verändert aus: sie hat sich ihre Haare schneiden lassen, kurz und pfiffig. So eine Frisur hätte sie das letzte Mal im Alter von 20 gehabt. Sie wird nachdenklich: „Es geht mir so – lala; letztes Wochenende war es ganz schlecht…"

Sie bewegt beide Füße langsam. „Die Füße sind wichtig." „Wo führen dich deine Füße hin?" frage ich. Sie beginnt ein wenig zu springen, vom linken auf das rechte Bein, eine Balance suchend und haltend. Beate meint im Gespräch: „Mein erster Gedanke war, ich lege mich ins Bett. Als ich davor stand, wollte ich mich aber nicht hineinlegen. Dann kam der Impuls, ich könnte aus dem Fenster springen. Das passte auch nicht. Schließlich suchte ich deine Nähe." Sie fängt an zu weinen. „Ich möchte noch leben! Ich möchte mir im Leben noch etwas nehmen!"

Eine Szene aus ihrer Kindheit kommt ihr zu Bewusstsein, aus der Nachkriegszeit, als das Essen knapp war. Beate sitzt am Esstisch ihrer Großeltern. Es gibt Käsebrot, und sie liebt Käsebrote. Als sie sich das zweite Käsebrot gestrichen hatte, sagt ihr Großvater zu ihr, ob sie nicht an die anderen denke, es solle auch noch etwas für die anderen übrig bleiben. Da schämt sie sich furchtbar. „Ich trau mich nicht, etwas zu nehmen, was mir nicht zusteht. Vieles kann ich mir gut nehmen. Was kann ich mir nicht nehmen?" –

Aus dem festen Gehen heraus nähern wir uns an. Wir treten uns gegenseitig auf die Füße. Irgendwann packt Beate mich kraftvoll an den Armen und sieht mich an. Sie steht mir frontal gegenüber, dann beginnt sie mich zu rempeln und schließlich hängt sie sich seitlich bei mir ein. Es kehrt Ruhe ein: wir bewegen uns beide nicht. „Ich denke, ich bin ersetzbar!" Beate fängt zu weinen an. „Ich will, dass mich die Leute vermissen! Aber ich will nicht, dass sie unglücklich sind." –

Beate erzählt einen Traum. Sie will mit ihrem Mann und ihrer besten Freundin nach Amerika fliegen. Am Flughafen merkt sie, dass sie weder Ausweis noch Geld noch die Flugtickets dabei hat. Sie sagt zu den anderen, dass sie schon mal voraus fliegen sollten. Sie würde mit dem Taxi zurück zur Wohnung fahren. Hier endet der Traum abrupt. Sie erwacht mit dem Gefühl, sie habe noch etwas zu erledigen. In der Therapie träumt sie den Traum weiter. Das Taxi sei völlig verqualmt gewesen, weshalb sie schließlich zu Fuß weitergegangen sei. Sie wusste nicht, wohin sie unterwegs war. Alle Hektik war plötzlich vorbei. Ihre Bewegung wurde immer langsamer. Und ihr Mann und die Freundin waren mit einem Wohnmobil weggefahren. Es ärgerte sie sehr, dass sie ohne sie gefahren sind. –

„Ich schaffe es nicht mehr allein, die Wohnung zu putzen. Ich brauche Hilfe!“ Sie ist hin- und hergerissen und äußert ihre Angst, abhängig zu werden. „Es gibt auch Phasen der Gelassenheit; und wenn’s mir ganz schlecht geht, dann denke ich, schlimmstenfalls sterbe ich!“ Und das beruhigt sie. Der Tod nähert sich tatsächlich. Beate kommt schwarz gekleidet. Sie sieht sehr müde und kaputt aus. Traurig erzählt sie, dass sie wegen der Schmerzen in der Lebergegend ihre Jeans nicht mehr tragen könne. Es ist zum Heulen! Sie klagt über Kraftlosigkeit. Was wird noch auf sie zukommen? –

Ein andermal kommt Beate eben von einem Gespräch mit der Palliativ- und Hospizfachkraft. Es ging um die Frage, was sie tun könne, wenn sie Schmerzen bekäme. Sie hatte das Gespräch immer wieder verschoben. Jetzt war ihre Situation wieder ganz nah da. „Scheiße, das bin ja ich!“ In Bewegung streckt sie die Beine mit Kraft, kickt schließlich mit ihrem Fuß an die Stehlampe, schlägt in die Schaumstoffmatten und schreit ihre Wut heraus. Sie reißt Papier von der Stellwand und wirft Stifte herunter. Auch mir gegenüber lässt sie ihrer Wut freien Lauf: „Brauch keine Erlaubnis von dir! Hör auf mit deinem Psycho-Gerede!“ Auf die Hospizmitarbeiterin ist sie wütend, weil sie sie mit der Nase daraufgestoßen hätte. Sätze wie „das machen Sie aber toll!“ empfindet sie bemutternd. Sie ist doch kein Kindergartenkind mehr!

In der nächsten Sitzung ist ihr sehr bewusst, wie wichtig es für sie war, ihre Wut einmal rücksichtslos herausgelassen zu haben. Sie hatte etwas Unerlaubtes getan und hinterher nicht einmal aufgeräumt. –

Beate weint, als sie erzählt, dass sie manchen Leuten gegenüber Rachegedanken habe und ihnen am liebsten etwas Gemeines antun würde, vor allem denen, für die sie immer da war, wenn es ihnen schlecht gegangen ist, die aber jetzt, wo es ihr schlecht gehe, nicht für sie da seien. Diese negativen Gefühle machen sie total fertig. –

Aufrecht tanzt Beate um mich herum, sehr lebendig. Sie will mich zwicken. Sie will erleben, dass ich mich wehre. ... Unsere Hände berühren sich. Sie lehnt sich an mich und wir wiegen uns. Sie zieht mir einen Strumpf aus und zieht ihn sich an. Sie schlüpft in meine Schuhe, die ihr zu groß sind und läuft damit herum. ... Ein andermal bewegt sie sich im Vierfüßlerstand, legt sich auf den Rücken und bewegt sich in Rückenlage, räkelt sich wie ein Baby, wohlig...

Beate hat von einem Kampf geträumt. Mit einer Bratpfanne hätte sie um sich geschlagen bis ihr auf einmal klar geworden wäre, dass Kämpfen nichts bringe. Wie erleichtert sie da war! Sie spürt insgesamt mehr Gelassenheit in sich. Sie müsse bei anderen nicht mehr „den Daumen draufhalten". So bleibt mehr Energie für sie selbst übrig. „Vielleicht wird's für die anderen zu lang, zu langweilig, dass ich immer noch lebe. ... Darf es mir so gut gehen? Auch jetzt noch?"

Beate hat sich schön gemacht und trägt seit langem wieder Schmuck. Sie wirkt angriffslustig. Ihre Freundin, die soviel über die Arbeit jammert, könne sie nicht mehr hören. Sie träumt viel: Andere hätten einen Schlüssel zu ihrer Wohnung; immer mehr Menschen wohnten darin, ohne angemessen dafür zu bezahlen. Sie hätte kein abgeschlossenes Zimmer mehr zur Verfügung, wo sie doch immer mit geschlossener Tür geschlafen habe.

Beate ist traurig, dass sie nicht mehr reisen kann. Sie beneidet andere und ist zornig auf sie. Im Traum ist sie auf Reisen und wird bestohlen. Die Leute um sie herum haben sich nicht darum gekümmert, haben nichts dagegen unternommen, obwohl sie etwas hätten machen können.

Beate erzählt von ihren Problemen mit dem Stuhlgang. Sie ist sehr bedrückt. Allein die Vorstellung, immer weniger Kontrolle darüber zu haben, macht ihr Angst. Auch Übelkeit und Erbrechen nehmen zu. Sie meint, es ginge bald zu Ende. Sie könne nichts mehr zu sich nehmen und werde immer dünner. Sie träumt viel vom Verreisen …

Sie hat das Gefühl, dass sehr nahestehende Menschen – ihre Mutter, ihre Freundin – sie in ihrer Hilflosigkeit noch mehr belasten. Sie könnten ihre Hilflosigkeit nicht aushalten. Trotzdem genießt sie es, umsorgt zu werden.

Es geht zu Ende. Beate bewegt sich sehr langsam. Sie beschreibt mit den Füßen Kreise am Boden, die eine Bewegung in die Tiefe darstellen sollen. Mit ihren Händen berührt sie die Wand und fährt die Holzkreise nach. Plötzlich geht sie auf den Balkon und bringt eine Handvoll Erde ins Zimmer. Sie bettet die Erde auf den Wohnzimmerboden und setzt sich dazu. Sie lässt die Erde zwischen ihre

Finger rieseln, drückt und riecht sie, stellt ihre blassen Füße in sie und bedeckt sie schließlich mit Erde. Nach einiger Zeit schiebt sie die Erde ein Stück zu mir. Sie hält mir die Erde zum Riechen hin. Gegenseitig streichen wir Erde über unsere Füße und verstreuen sie noch weiter im Raum. Beate meint, das wären doch bleibende Spuren von ihr. Bald würde sie selbst zu solcher Erde. Sie freue sich sogar irgendwie darüber und hoffe auch Dünger zu sein für Blumen. Sie erzählt von einem Gespräch mit ihrer Mutter, die einen Eichensarg für sie besorgen wolle. Aber ihr wäre ein Fichtensarg lieber, weil der hoffentlich schneller zerfalle, in die Erde hinein.

Nahe sein und Loslassen:

Begleitung

Unfassbarkeit des Todes – Was vermögen Worte und Bilder?

Von Waldemar Pisarski

Der Tod ist unfassbar: Ich kenne dieses Gefühl sehr gut. Bewegt sein, angerührt sein, vielleicht überwältigt sein, verstummen. Ich halte diesen Augenblick, in dem einem die Worte fehlen, in dem es einen vielleicht die Kehle zuschnürt, für ganz wichtig. „Der Tod ist groß“ heißt es bei Rainer Maria Rilke:

Der Tod ist groß.
Wir sind die Seinen
lachenden Munds.
Wenn wir uns mitten im Leben meinen,
wagt er zu weinen
mitten in uns.

Die Unfassbarkeit des Todes. Nichts ist schlimmer als diesen Augenblick zu übertönen. Mit Geschwätz zu übertönen oder mit Aktionismus zu übertönen. Und religiöses Geschwätz oder religiöser Aktionismus sind an dieser Stelle genauso schlimm wie medizinisches Geschwätz oder medizinischer Aktionismus.

Die Betroffenheit zulassen, das Angerührtsein zulassen, die Hilflosigkeit zulassen, das Schweigen zulassen, die Tränen zulassen – das schafft Nähe und Verbundensein. Ein wunderschönes Beispiel dafür findet sich in der Hebräischen Bibel, im Alten Testament, im Buch Hiob. Die Geschichte ist bekannt: Hiob verliert alles, alles, was er besitzt. Seine Güter, seine Herden, seine Familie, schließlich auch noch seine Gesundheit. Ein Bild des Elends. Mutterseelenallein ist er. Wir sehen ihn schließlich in einem Aschehaufen sitzen. Sein Körper vom Scheitel bis zur Sohle bedeckt von Geschwüren. Mit einer Scherbe schabt er seine juckende Haut.

Da hören seine Freunde von dem Unglück. Sie machen sich auf, um ihn zu besuchen und ihn zu trösten. Von ferne sehen sie ihn sitzen und erschrecken zutiefst. Diese geschlagene Gestalt, dieses Häufchen Elend soll Hiob sein? Sie erkennen ihn kaum wieder. Aber sie weichen nicht zurück. Sie nehmen nicht Reißaus. Sie gehen zu ihm und – so wird sehr anrührend erzählt – *„saßen mit ihm auf der Erde sieben Tage und sieben Nächte und redeten nichts, denn sie sahen, dass sein Schmerz unfassbar groß war“* (Hiob 2, 13).

Wer im Hiobbuch weiterliest, erfährt, dass die Freunde Hiobs dieses mitfühlende Dasein nicht durchhalten. Sie beginnen zu reden, lange Reden. Sie bringen Argumente und Erklärungen vor, warum und wie das alles doch zu fassen wäre. So geht es Vers um Vers und Strophe um Strophe. Aber Hiob wird sie unterbrechen und ihnen ins Gesicht schreien: *„Ihr seid Lügentüncher und unnütze Ärzte“* (13,3ff.). Er wird sich gegen all diese Worte wehren: *„Ihr seid mir leidige Tröster! Wollen eure hohlen Worte denn kein Ende nehmen?“* (16,3). Und er wird ihnen sagen, was er braucht, was allein er braucht: *„Hört doch meiner Klage zu und lasst mir das eure Tröstung sein“* (21,2).

Das ist eine bewegende Stelle. Ein leidender Mensch, der gegen die leeren Formeln aufbegehrt. Gegen all das, was so gut gemeint sein mag und dennoch nur Abstand schafft und weh tut. Ich denke an die Worte eines modernen Hiobs oder vielmehr einer modernen Hiobin, ich denke an Maxie Wander, Fotografin und Journalistin, die im November 1977, 44-jährig, an Krebs gestorben ist. *„Ich hoffe noch immer auf einen Menschen, der mit mir trauert, der mir durch Mitleiden hilft oder wenigstens durch Verstehen! Aber von überall höre ich billige, wohlmeinende Trostworte, logische, rationale Erwägungen… Wie sie mich anwidert, diese „vernünftige" Welt der Lebenden, in der nur der Nutzen einer Sache zählt und nur die Lebenden ihre Rechte haben!"*[1]

Zuhören, annehmen, gewähren, kommen lassen, das Unfassbare aushalten – das ist die Grundhaltung jeder Sterbebegleitung.

Was vermögen da noch Worte und Bilder?

Vielleicht können wir uns an dieser Stelle auf eine Entdeckungsreise aufmachen, eine Imagination. Wir können das folgende vorher aufmerksam durchlesen, oder wir nehmen es auf Kassettenrekorder auf und können uns dann selbst zuhören:

Wir setzen uns so bequem wie möglich hin. Spüren mit den Füßen den Boden: gehalten sein, getragen sein. Die Hände

1 Maxie Wander, Ein Leben ist nicht genug. Tagebuchaufzeichnungen und Briefe. Hamburg 1990, S. 208

müssen jetzt nichts machen. Sie dürfen in unserem Schoß liegen und ausruhen … Jetzt ziehen wir unsere Aufmerksamkeit von den äußeren Dingen ab, von dem Raum, in dem wir uns aufhalten, von den Gegenständen um uns herum, und spüren nach innen. Vielleicht schließen wir die Augen oder suchen uns einen Ort auf dem Boden vor uns, auf dem unsere Augen verweilen können … Wir nehmen jetzt unseren Atem wahr, das Ein und das Aus, die Atempause, wir machen nichts, sondern nehmen einfach wahr. Ich atme ein, ich atme aus, Atempause, dann atme ich wieder ein und wieder aus …

Wir sagen uns jetzt ein Merkwort aus der buddhistischen Meditationspraxis: „Heiter atme ich ein, heiter atme ich aus". Wir wiederholen dieses Wort für uns im Rhythmus unseres Atmens. „Heiter atme ich ein, heiter atme ich aus".

Und jetzt gehen wir an einen guten Ort, einen Ort, an dem wir uns wohl fühlen und an dem es uns gut geht. Das kann ein Meeresstrand sein oder eine Blumenwiese oder ein Berggipfel oder eine Kapelle. Einfach ein Ort, an dem wir uns gern niederlassen und verweilen...

Jetzt stellen wir uns vor, wir hörten eine Stimme. Eine Stimme, die uns ein gutes Wort sagt. Ein gutes Wort, ganz persönlich, ganz allein für mich … Wie klingt diese Stimme? Was für ein Wort höre ich? Ein Wort der Ermutigung? Des Trostes? Des Zuspruchs? Höre ich einen Wunsch, eine Bitte, eine Mahnung, eine Erinnerung, eine Klage? Was es auch ist, wir lassen dieses Wort auf uns wirken …

Dann verabschieden wir uns von dieser Stimme. Wir verabschieden uns von dem Ort, an dem wir uns gerade aufgehalten haben. Nehmen wir wieder unsere Atembewegung wahr. Das Ein und das Aus. Dann bereiten wir uns darauf vor, mit unserer Aufmerksamkeit wieder „nach außen" zurückzukehren... Wir bewegen unsere Hände, unsere Füße, blinzeln, ehe wir die Augen ganz öffnen, dann strecken wir uns von der Sohle bis zum Scheitel durch. Lassen wir es aufatmen, gähnen wir, räkeln wir uns einmal durch und kommen dann ganz von dieser Erfahrung zurück. Gönnen wir uns jetzt noch ein kurzes Innehalten und Nachspüren. Was habe ich gerade erlebt, und wie ist es mir ergangen?

Was vermögen Worte und Bilder? Meine Erfahrung ist, dass jeder Mensch in sich heilende, tröstende, aufrichtende Worte und Bilder hat. Wichtig ist allein, dass es Menschen gibt, die sich dafür interessieren, die danach fragen. Ein Gedicht von Joseph von Eichendorff beschreibt diese Erfahrung:

Schläft ein Lied in allen Dingen,
die da träumen fort und fort,
und die Welt hebt an zu singen,
Triffst du nur das Zauberwort.

Ja, so ist es. Da ruht ein Lied in uns, eine Weise, eine Melodie. Manchmal schläft dieses Lied. Aber manchmal – vor allem dann, wenn es jemanden gibt, der sich dafür interessiert, der danach fragt, der ihm Wertschätzung entgegenbringt – wacht es auf und fängt an zu singen.

Ich habe es zum Beispiel so erlebt: Ich spreche mit einer älteren Dame, die zahllose Augenoperationen hinter sich hat und jetzt auf eine völlige Blindheit zugeht. Ich frage sie, woher sie noch die Kraft für einen letzten Eingriff nahm und wie sie diesen Eingriff durchstehen konnte, wissend, dass er bestenfalls noch einen kleinen Aufschub bringen würde. Sie antwortet: „Ich habe mich mit einem Bibelwort auf die Operation eingestimmt, und mit diesem Wort bin ich in die Narkose gegangen: 'Du, Gott, hältst mich bei meiner rechten Hand'" (Psalm 73,23). Kurz vor dem Aufwachen, so habe der Chirurg ihr erzählt, hätte sie übrigens ganz fest seine, des Arztes, Hand gedrückt und dabei gelächelt. – Da hat es zu singen begonnen …

Eine andere Patientin erzählt mir, wenige Wochen vor ihrem Tod, von einem Traum. Sie habe das Wort „Elohim" geträumt, das hebräische Wort für Gott. Der Traum sei mit einem wunderbaren Ruhegefühl verbunden gewesen. „Es war wie ein zeitloses Ruhen in diesem Wort" sagte sie, „mein ganzes Suchen ist darin zu einem Abschluss gekommen." – Da beginnt es zu singen …

Ein junger Mann, der in seinem Leben unendlich viel Leid erfahren hat, der ständig hin und her geschubst wurde, erzählt mir auf meine Frage hin von einem kitschigen Bild im Schlafzimmer seiner Eltern. Dieses Bild habe zwei Kinder auf einer Brücke gezeigt. Unter der Brücke ein reißender Fluss. Das Geländer war brüchig. Es bot kaum noch einen Halt, aber ein Engel war da und geleitete die Kinder über die Brücke.

Ein paar Beispiele nur. Ich interessiere mich für die Worte und für die Bilder, die in einem anderen Menschen ruhen und bringe ihnen Achtung und Wertschätzung und Respekt entgegen – *und* ich interessiere mich für die Worte und Bilder, die in mir ruhen und bringe ihnen Achtung und Wertschätzung und Respekt entgegen. Das „und" ist wichtig. Die Arbeit mit Worten und Bildern darf kein Trick werden, den ich anwende. Das Interesse muss aus der eigenen Erfahrung, aus der eigenen Person, aus der eigenen Tiefe, aus dem eigenen Erleben kommen.

In dem schönen Buch von Gustava Everding und Angelika Westrich „Würdig bis zum letzten Augenblick"[1] lese ich den Gedanken: „Hospiz – das ist vor allem eine Haltung". Ich weiß, ein solcher Satz verkürzt auch. Zu dem, was Hospiz ausmacht, gehört unendlich viel mehr. Natürlich gehören auch Methoden und Techniken und Strukturen dazu. Das Arbeiten mit Worten und Bildern hat auch eine methodische, eine handwerkliche Seite. Natürlich! Die Übung vorhin hatte eine solche Seite, und ich kann darüber Auskunft geben und kann sie begründen und verantworten. Natürlich! Wichtig aber ist: das alles darf nicht im Methodischen aufgehen. Die Haltung des Hörens, des Annehmens, des Zulassens, des Wertschätzens – darauf kommt es an. Und als Seelsorger glaube ich, dass ich darin etwas von der Haltung Gottes, von seinem Hören, seinem Annehmen, seinem Zulassen, seinem Wertschätzen widerspiegele.

1 Gustava Everding/Angelika Westrich, Würdig bis zum letzten Augenblick. München 2000.

Zuspruch
Ich höre auf die Worte und Bilder, die mir von meinem sterbenden Mitmenschen entgegenkommen. Ich frage danach, ich interessiere mich dafür. Ich bin hörend, bin rezeptiv, bin empfangend. Dies ist der eine Weg. Nun gibt es aber auch den anderen Weg. Denn vielleicht findet mein Gesprächspartner, meine Gesprächspartnerin keine Worte oder Bilder in sich. Mag sein, dass er oder sie zu müde ist oder zu leer. Vielleicht hat es auch nie jemanden gegeben, der solche guten Worte und heilenden Bilder in ihre Seele gelegt hat. Ein Sprichwort aus Afrika stellt fest: *Das Land in deinem Herzen kannst du nicht selbst bestellen. Den Weg zu dir selbst kannst du nicht selber finden. Das Wort, das dir hilft, kannst du dir nicht selbst sagen.* Manche von uns haben das Glück, dass da jemand war, der uns solche Worte geschenkt hat, die jetzt zum Klingen kommen.

Manche aber hatten dieses Glück nicht. In ihnen ist es stumm und leer. Deswegen gibt es auch den anderen Weg, den Zu-Spruch von außen. Es ist legitim, und manchmal auch notwendig, – ganz buchstäblich, denn es wendet eine Not – ein Wort oder ein Bild von außen anzubieten. Wieder, und das ist wichtig, aus einer Haltung der Wertschätzung und des Respekts heraus, und das heißt behutsam und einfühlsam und nicht bedrängend.
Das könnte so aussehen: Mit einer Krebspatientin, die ich ein paar Monate lang begleiten durfte, habe ich – es waren die Wochen vor Weihnachten – ein Adventslied von Jochen Klepper gebetet.

Die Nacht ist vorgedrungen, der Tag ist nicht mehr fern.
So sei nun Lob gesungen dem hellen Morgenstern!
Auch wer zur Nacht geweinet, der stimme froh mit ein.
Der Morgenstern bescheinet auch deine Angst und Pein.

Ich hatte kaum geendet, da platzt es aus meiner Patientin heraus: „Das ist mein Lied! Woher kommen diese Worte? Ich möchte, dass diese Verse uns fortan begleiten. Dass wir sie jedes Mal sprechen!"

Ganz offensichtlich hatte sie sich in diesen Worten zutiefst verstanden gefühlt. Und ganz sicher hatte dies etwas mit der Person Jochen Kleppers zu tun. Der Dichter hatte sich am 10. Dezember 1942 zusammen mit seiner jüdischen Frau und deren Tochter Reni das Leben genommen. In seinen Versen mit ihrem Gegensatz von Dunkel und Licht, Tag und Nacht, Hoffnung und Angst, kommt das Leid und die Bedrohung der Nazijahre zum Ausdruck, die er erlebt hat.

Dabei müssen es nicht nur Liedverse und Bibelworte sein, die uns in der Tiefe erreichen. Für mich selbst sind Gedichte voller Trost und Heilung. Das Herbstgedicht von Rainer Maria Rilke etwa:

Die Blätter fallen, fallen wie von weit,
als welkten in den Himmeln ferne Gärten;
sie fallen mit verneinender Gebärde.

Und in den Nächten fällt die schwere Erde
aus allen Sternen in die Einsamkeit.

Wir alle fallen. Diese Hand da fällt.
Und sieh dir andre an: es ist in allen.

Und doch ist Einer, welcher dieses Fallen
unendlich sanft in seinen Händen hält.

Es gibt ein Gebet, das diese Bilder aufnimmt. Mehr als einmal habe ich es auf eine Karte geschrieben und an einem Sterbebett gelassen. Ob seine Verfasserin, Sabine Naegeli, wohl Rilkes Verse kannte?

Wie ein Herbstblatt
sich leise löst vom Baum,
so möchte ich
mein Leben lassen,
wenn die Zeit
reif geworden ist.
Leicht möchte ich sein,
nicht festhalten wollen,
im Fallen noch
mich dir entgegenfreuen.

Ich spreche meinem sterbenden Mitmenschen ein Wort, ein Bild zu. Ein Wort oder ein Bild, das sein oder ihr Erleben aufnimmt und es in einen Horizont der Hoffnung, der Zukunft stellt. Leid, Zorn, Zweifel, Traurigkeit werden nicht geleugnet oder verdrängt, aber sie werden transzendiert, überwunden: *Auch wenn ich schon wanderte im finsteren Tal*, heißt es im 23. Psalm, *fürchte ich kein Unglück, denn du bist bei mir.*

Dies ist wohl die Grunderfahrung hinter allen Worten und Bildern: „Du bist bei mir!“. Und mit meiner Person gebe ich etwas davon weiter, werde ich dafür durchlässig: das lateinische Verb *per-sonare* meint dieses Durch-klingen. Ich werde für einen anderen Menschen zum Du, und in diesem Du spiegelt sich etwas von dem großen Du, das unser Leben trägt und hält. Deswegen ist es so wichtig, dass die Worte und Bilder, die wir weitergeben, stimmig sind, dass sie von Herzen kommen, dass sie durchlebt sind, durchseelt sind.

Unvergessen ist für mich das Erlebnis auf einer Intensivstation. Ich hatte einen Patienten besucht. Vom Nachbarbett, das nur durch einen Vorhang getrennt war, hörte ich eine Stimme, die fast litaneiartig wiederholte: „du bist in guten Händen, du bist in guten Händen …“. Wessen Hände meinte diese Stimme? Die Hände der Ärztinnen und Pfleger, der Krankengymnasten und Ergotherapeuten, der Fachleute in den Labors oder die eigenen Hände, die den geliebten Mann streichelten und gut zu ihm waren? Ich glaube: ganz sicher auch die Hände Gottes, die in all diesen Händen wirkten.
Meine große Ermutigung heißt darum: Achten wir auf die Worte und Bilder, die uns wichtig sind, die uns etwas bedeuten, und geben wir davon etwas weiter.

Helfer, Helferin sein – und der Hilfe bedürfen
Was uns bei alledem bewusst sein sollte: Es ist nicht so, dass auf der einen Seite die Sterbenden sind und auf der anderen die Lebenden, auf der einen die Helfer und auf der anderen die Hilfsbedürftigen, auf der einen die Lehrer und

auf der anderen die Schüler. Vielmehr so, dass wir alles auch in unserer Person sind: Sterbende und Lebende, Helfer und Hilfsbedürftige, Lehrende und Lernende – in unterschiedlichen Anteilen zu unterschiedlichen Zeiten.

Unsere sterbenden Mitmenschen brauchen uns, aber wir brauchen auch die Erfahrung unserer sterbenden Mitmenschen. Wir brauchen ihre Erinnerung an Dinge, die wir sonst nur allzu leicht vergessen. Niemand hat das schöner zum Ausdruck gebracht als Erich Fried, der Ruhelose:

Bevor ich sterbe

Noch einmal sprechen
von der Wärme des Lebens
damit doch einige wissen:
Es ist nicht warm
aber es könnte warm sein

Bevor ich sterbe
noch einmal sprechen
von Liebe
damit doch einige sagen:
Das gab es
das muß es geben.

Noch einmal sprechen
vom Glück der Hoffnung auf Glück
damit doch einige fragen:
Was war das
wann kommt es wieder?

Was willst du vor deinem Tod noch ausgesprochen haben?
Bist du bereit und fähig, auf die Klage eines anderen zu hören?
Wie kannst du Betroffenen helfen, mit dem Gefühl der Angst und Unfassbarkeit umzugehen?

Wahrlich

Für Anna Achmatova

Wem es nie ein Wort verschlagen hat,
und ich sage es euch,
wer bloß sich zu helfen weiß
und mit den Worten –

dem ist nicht zu helfen.
Über den kurzen Weg nicht
und nicht über den langen.

Einen einzigen Satz haltbar zu machen,
auszuhalten in dem Bimbam von Worten.

Es schreibt diesen Satz keiner,
der nicht unterschreibt.

Ingeborg Bachmann

Schuld und Trauer – Im Leiden Hoffnung finden?

Von Karl-Ernst Apfelbacher

Wenn ein Mensch an die Grenzen seines Lebens kommt, wenn er seine eigene Gebrechlichkeit erlebt, wenn er durch Krankheit aus dem vertrauten Lebenslauf herausgerissen wird, wenn der Tod vor Augen tritt, dann meldet sich zumeist dringlicher als bisher das Bedürfnis an, mit seinem Leben ins Reine zu kommen. Dann kann es sein, dass man deutlicher sieht, was im Leben schief und anders gegangen ist, als man gehofft hat. Auch den Schmerz spürt man schärfer, schuldig geworden und schuldig geblieben zu sein. Man spürt deutlicher als zu normalen Zeiten den inneren Unfrieden und die Belastung, weil man Schuld nicht vergeben hat, und weil einem Schuld nicht vergeben worden ist. Wie können Begleiterinnen und Begleiter sich vorbereiten, die mit einem solchen Kranken ins Gespräch kommen und ihm gut tun wollen?

Ich erläutere thesenartig einige Einsichten, die mir dabei wesentlich und hilfreich waren, so unterschiedlich die Begegnungen im einzelnen auch verlaufen sind. Diese Einsichten sind keine Garantien für glückliches Gelingen, keine Patentrezepte; es sind grundlegende Voraussetzungen, dass aus dem Gespräch Hoffnung und Frieden entstehen können. Sie stehen vor dem Hintergrund einer jüdisch-christlichen Tradition und zeigen die allgemeinmenschliche Dimension dieser Tradition auf. Zunächst nenne ich einige Thesen zur Frage der Schuld, dann zu den Grundhaltungen eines Begleiters/einer Begleiterin, und schließlich zum Thema Schuld und Versöhnung.

Schuld

These 1: Schuld ist eine Frage der Beziehung

Gewöhnlich versteht man unter „Schuld" einen Tatbestand: Jemand hat ein Gebot oder eine Vorschrift übertreten – hie und da oder regelmäßig. Danach ist die Frage nach der Schuld *die Frage nach einem Tatbestand*: Wer hat was getan, was er oder sie nicht hätte tun dürfen? Oder nicht getan, was er oder sie hätte tun müssen? – Für einen heilsamen und tröstlichen Umgang mit Schuld ist jedoch ein anderer Zugang wesentlich: Schuldig werde ich immer in Beziehung zu einem anderen, also wenn ich jemanden kränke, verletze, ihm etwas schuldig bleibe. Die Frage nach Schuld ist eine *Frage nach Beziehungen*, in denen ich stehe und mich bewege und lebe.

Folgendes Beispiel mag den Unterschied erläutern: Ein Mann bringt seiner Frau nie Blumen mit. Die Frau ist deshalb verdrossen. Das ist der Tatbestand. Worin liegt die Schuld? Das kommt auf die Beziehung zwischen den beiden an. Verhält sich der Mann bloß unachtsam, oder zeigt sich da – schlimmer – Verachtung? Wie lässt sich das klären? Die beiden müssen darüber reden. Die Frage nach der Schuld lässt sich nicht klären, wenn man Tatbestände aufzählt und sich gegenseitig vorwirft („Du hast…" – „Und du hast auch…"), vielleicht in der Hitze des Gefechts noch aufbauscht („Nie hast du…" – „Du hast auch nie…"), sondern wenn man miteinander ins Gespräch zu kommen sucht. Auffällig: Das lateinische Wort für „Versöhnung" ist *reconciliatio*; das Verb *reconciliare* heißt „miteinander wieder ins Gespräch kommen".

Ein dramatischeres Beispiel: Ein Mensch hat einen anderen getötet. Das ist die schreckliche *Tatsache*. Der Täter ist schuldig. Aber was es bedeutet, schuldig zu sein, wird ihm erst dann wirklich aufgehen und einleuchten, wenn er eine *Beziehung* zu seinem Opfer spürt und nachempfinden kann, was er ihm angetan hat. Wesentlich ist: Wahrnehmen von Schuld setzt voraus, sich in fremdes Leid einfühlen zu können, ins Leid der Opfer und ins Leid der Betroffenen.

These 2: Niemand kann unschuldig bleiben

Das ist eine wichtige Einsicht, um leben zu können und lebendig und „kreativ" zu bleiben. Man trifft immer wieder Leute, die vor lauter Angst, sie könnten schuldig werden, wie gelähmt sind – und gerade so schuldig werden. Der Vorsatz „Ich nehme mir fest vor, nicht mehr zu sündigen" – viele kennen ihn noch aus dem Religionsunterricht – ist maßlos, vermessen, und hat etwas Destruktives an sich.

Man hat oft übersehen: In unserer jüdisch-christlichen Tradition heißt es nie: „Du musst schuldlos bleiben, und du könntest es auch, wenn du dich nur genügend anstrengst!" In der Bibel, im Alten und Neuen Testament, steht nichts davon. Im Gegenteil: „Der Gerechte fällt siebenmal und steht wieder auf" (Sprüche 24,16). Die Vorstellung, man könnte schuldlos durchs Leben kommen, gilt in allen christlichen Traditionen als Häresie. Gefordert wird ausschließlich, dass wir die Schuld, die wir auf uns geladen haben durch Unterlassung, durch Unachtsamkeit, durch Dummheit oder Bosheit, einsehen, uns ihr stellen und sie tragen. Dazu ist uns Gottes Zuneigung, seine Liebe und sein Erbarmen zugesagt; und daraus entsteht Versöhnung und Frieden und Hoffnung und Zuversicht. Nicht: Du musst schuldlos bleiben! Sondern: Geh – ermutigt durch die Barmherzigkeit und die Liebe Gottes – mit der Schuld aufmerksam und wahrhaftig um!

Dass Menschen manchmal so verbissen unschuldig bleiben wollen, hängt vielleicht auch damit zusammen, dass sie einen wesentlichen Aspekt ihres Menschseins nicht wahrhaben, dass sie wie Gott sein wollen. Aber: Gott allein ist schuldlos. Der Mensch kann – bestenfalls – mit seiner Schuld aufmerksam umgehen, sie nicht leugnen, sondern eingestehen und hinnehmen, wie es gekommen ist. Und darin – so steht in der Bibel – liegt Heil.

Wohl jeder kennt in seinem Inneren die nagenden Zweifel von Schuldgefühlen: „Hätte ich nicht vielleicht doch...?", die umschlagen können in quälenden Selbstvorwurf: „Du hättest dieses oder jenes tun sollen!" Beides kann einen schier verrückt machen, lähmen, deprimieren, je nach Temperament in Verzweiflung stürzen. Festzuhalten ist: Dieses „hätte-ich-doch", dieser Irrealis der Vergangenheit, ist – jedenfalls hier – eine teuflische Einflüsterung, der man widerstehen lernen muss; denn sie gaukelt uns vor, wir hätten alles richtig machen und unschuldig bleiben können.

Sobald wir ernst nehmen, dass niemand schuldlos bleiben kann, müssen wir nicht mehr so viel Lebensenergie und Scharfsinn sinnlos darauf verschwenden, uns und anderen vorzumachen, dass dieses und jenes doch keine Sünde, oder jedenfalls nicht die eigene Sünde war („Die andern sind schuld!"), oder nur eine ganz kleine, oder –

beliebt als Ausrede und zur Selbstbeschwichtigung – dass es gar nicht so schlimm sein könne, weil andere es ja auch so machten. Wir werden frei vom Zwang, uns zu verteidigen vor den anderen und vor uns selber – mit tausend Entschuldigungen und Erklärungen, von denen man im Grunde weiß, dass durch sie nichts besser, glücklicher und heiler wird. Und wir werden frei, mit den Miseren des Lebens und mit unserer großen oder kleinen Schuld daran so umzugehen, dass Heil daraus entsteht.

So lernen wir dann auch, dass wir auf Vergebung, „Huld" (lat. *indulgentia*) der anderen angewiesen sind, und dass wir uns anderen mit unseren Grenzen und Begrenztheiten zumuten müssen. Eine wichtige Frage ist, ob wir uns trauen, uns anderen anzuvertrauen.

So können wir gelassener und offener sein für lebendige Beziehungen im Auf und Ab des Alltags, und offener für die Frage, die letztlich allein entscheidend ist: Was ist jetzt und in Zukunft dran und zu tun?

These 3: Man kann Schuld nicht ungeschehen machen

Das Brennende an der Schuld ist, dass Menschen das, was geschehen ist, nicht ungeschehen machen können – die Vergangenheit bleibt, wie sie ist. Auch mit bestem Willen ist daran nichts zu ändern, nicht mit allen Beteuerungen, wie leid es einem tut, und dass es nicht wieder vorkommen soll. Schuld bedeutet einen Bruch; es wird nicht wieder so sein wie vorher.

Schuld kann man nicht ungeschehen machen, Schuld muss verarbeitet werden, damit sie Heilung – und Vergebung – finden kann.

Zur Veranschaulichung: Ein Mann wird seiner Frau untreu. Und dann besinnt er sich und kehrt zu seiner Frau zurück. Alles scheint wie vorher. Und doch: Der Treuebruch ist geschehen. Der Mann ist an seiner Frau schuldig geworden, und diese Schuld kann er nicht ungeschehen machen. Auch wenn er diese Schuld beichtet, und sie sie vergibt, ist das Ganze nicht ungeschehen. Es ist vielleicht – mehr oder weniger oder kaum oder nicht mehr unmittelbar spürbar – wie eine zugedeckte, vielleicht gut verbundene Wunde, die jederzeit – unter besonderen Belastungen – wieder aufbrechen kann. Es bleibt zumindest ein Unbehagen, ein Schatten der Vergangenheit. Wie kann er, wie können die beiden damit umgehen?

Die entscheidende Frage angesichts von Schuld ist nicht vergangenheitsorientiert: „Hättest du doch..." oder auch: „Schwamm drüber" – diese Vorstellung vom Nicht-gewesen-Sein ist eine Illusion. Die entscheidende Frage angesichts von Schuld ist auf die Zukunft gerichtet. „Was sollen wir tun?", ist in der Bibel die typische erste Reaktion auf die Bußpredigt (zum Beispiel Lukas 3,10; Apostelgeschichte 2,37). Was fangen wir mit der Schuld an? Gibt es eine Heilung der Wunde? Vielleicht Zuwachs an Weisheit und Kraft?

Wohlgemerkt: Solche Prozesse und Wege der Verarbeitung und Vergebung von Schuld sind Heilungsprozesse. Und Heilungsprozesse können lange dauern. Es sind Wege der Schmerzen und durch Schmerzen hindurch.

These 4: Schuld drängt darauf, dass man sie anschaut, erkennt und bekennt

Zwei Aspekte seien betont: Erstens: *Schuld ist nicht nur meine Sache*, sie geht nicht nur mich – und niemand anderen – etwas an. Sie ist Beziehungssache, sie geht auch andere an, vor allem und zumindest die, an denen ich schuldig geworden bin. Wer seine Schuld bloß mit sich alleine „abmachen" will, wird leicht verschlossen, innerlich lahm, starr und unbeweglich. Schuld drängt darauf, einem anderen ausgesprochen, mitgeteilt, erzählt zu werden. Tatsächlich ist es so, dass selbst eine Schuld, die nur mich selbst betrifft oder zu betreffen scheint, danach drängt, einem vertrauten, verständnisvollen Gegenüber mitgeteilt zu werden, jemandem, der sie mit trägt, ohne mich zu tadeln und zu verachten, und mich nicht gleich besserwisserisch mit Ratschlägen knechtet.

Zweitens: *Wer schuldig geworden ist, spürt einen Zwiespalt*: Die Scham möchte, dass die Schuld unerkannt bleibt; ich will nicht das Gesicht verlieren – vor den anderen nicht und auch nicht vor mir selber. Zugleich ist da das *Bedürfnis, sich nicht verstecken zu müssen*. Es ist schwer erträglich, wenn der Eindruck, den andere von mir haben, gar nicht mit dem übereinstimmt, wer und was ich wirklich bin. Also einerseits: Hoffentlich kommt es nicht heraus – die *Angst vor der Schande*. Und andererseits und zugleich: Ich möchte gesehen werden, wie ich bin – die *Sehnsucht nach Wahrhaftigkeit* in der Begegnung mit anderen.

Manchmal dauert es lange, bis man jemanden findet, dem man von seiner Schuld erzählen kann, mit dem man bei seiner Schuld geduldig verweilen kann, sie neu anschauen kann, suchen kann, was man damit anfangen kann, wie man mit ihr wahrhaftig leben kann, wie man mit ihr Hoffnung schöpfen und Mut fassen kann. Damit komme ich zum nächsten Schritt: Begleiter/innen sind gesucht.

Gespräche über Schuld

Was sind die Voraussetzungen, dass Gespräche über Schuld heilen und versöhnen können, dass sie Hoffnung wecken? Genauer: Worauf kommt es bei dem Begleiter, der Begleiterin an? Und: Worauf kommt es ihm oder ihr an?

Zwei Hinweise aus der Bibel dazu: „Das geknickte Rohr zerbricht er nicht" (Jesaja 42,3), und: „Richtet nicht, damit ihr nicht gerichtet werdet." (Matthäus 7,1).

Auf Folgendes kommt es wohl an:

These 5: Die Gesprächspartner müssen auf der gleichen Ebene sein

Ein heilendes Gespräch kann nur gelingen, wenn beide Gesprächspartner eine gemeinsame Gesprächsebene finden, auf der keiner überlegen ist und keiner unterlegen. Drei Dinge muss ich mir dazu vergegenwärtigen:

Erstens: Grundlegend ist die Ehrfurcht vor der göttlichen Würde des anderen. Im Christentum ist die Taufe ein Ausdruck auch dafür: „Du bist Christus an Würde gleich." *Jeder Mensch ist unendlich kostbar.* Eine entscheidende Frage ist: Bin ich als Gesprächspartner/in wirklich davon überzeugt, selbst dann, wenn der andere selbst nicht davon überzeugt sein kann? Auch dann, wenn du eigentlich wütend auf ihn bist und auf seine Unarten und Untaten und was immer es sei?

Viel Leid und viel Schuld und Sünde entstehen, wenn Menschen das Bewusstsein ihrer Würde verloren haben, ihr „Selbstwertgefühl" verloren haben. Wichtiger, als den Menschen ihre Sünden vorzurechnen, ist es, ihnen einen Zugang zu dieser ihrer Würde wieder zu eröffnen.

Zweitens: Ich gehe davon aus: *Schuldgeschichten sind Leidensgeschichten.* Wer schuldig geworden ist und sich schuldig fühlt, leidet unter seiner Schuld – auch dann, wenn er großmäulig darüber hinwegredet.

Drittens: Ich mache mir klar: *Ich habe dem anderen, der schuldig geworden ist, im Grunde nichts voraus.* Auch ich bin nicht frei von Schuld, des Zuspruchs und der Ermunterung bedürftig. Es gibt keinen Grund für mich, mich für überlegen zu halten. Ich weiß nicht, ob ich, wenn ich an der Stelle des anderen, vor seine Entscheidungen gestellt, anders, besser gehandelt hätte und schuldlos geblieben wäre.

Fazit: Ich stehe mit dem anderen, der mir von seiner Schuld erzählt und sich mir damit anvertraut, auf gleicher Ebene. Ich bin nicht überlegen, muss nicht auf ihn herabschauen. Begegnung geschieht in Wahrhaftigkeit, das heißt: Ich begegne ihm von gleich zu gleich.

Eine chassidische Geschichte macht das deutlich:
Rabbi Feiwisch von Zbaraz kam einst zu Rabbi Mendel, um über den Sabbat in seiner Nähe zu weilen. Als er am darauffolgenden Sonntag Abschied nahm, sagte er weinend: „Nun bin ich schon vierundsiebzig Jahre alt und habe noch nicht die wahre Umkehr vollzogen." Weinend entgegnete Rabbi Mendel: „Ich bin in der gleichen Not." Sie gestanden einan-

der ihre Not, und sie kamen überein, einander zu segnen, dass sie die wahre Umkehr vollzögen.[1]

Die beiden Rabbis gestanden einander ihre Not, so kamen sie einander nahe. Sie mussten sich nicht voreinander schämen, so konnten sie einander segnen, das heißt: sie gaben einander Mut, schenkten einander Einverständnis und Geborgenheit und eine neue Hoffnung.

Wichtig ist, sich stets zu vergegenwärtigen: Ich kann nicht trösten, wenn ich mir selbst und dem anderen nicht eingestehe, dass auch ich trostbedürftig bin. Ich kann einem anderen nicht wirklich helfen, ohne ihn dabei zu demütigen, wenn ich nicht wahrnehme, dass ich selbst hilfsbedürftig bin. Nur wenn ich mit meinen eigenen Schwächen vertraut bin, kann ich – wie unsere Sprache sagt – „für andere eine Schwäche haben", das heißt: sie liebenswert finden und selbst liebenswert gefunden werden.

These 6: Im Gespräch gilt: Beschwichtige nicht, entschuldige nicht!

Zur Veranschaulichung: Der andere erzählt von seiner Schuld, vielleicht stockend, suchend, zögerlich. Er tut sich schwer, er ist sich selbst nicht klar, er sucht sich im Gespräch, im Erzählen langsam klarer zu werden. Es hat da keinen Sinn, ihm ins Wort zu fallen, ihm die Schuld auszureden, ihn zu beschwichtigen, dass die Schuld gar nicht so groß sei, und dass das gar nicht so schlimm sei. Es hat auch

1 Martin Buber, Erzählungen der Chassidim, in: ders., Werke III. München-Heidelberg 1963, S. 528.

keinen Sinn, zu entschuldigen, in dem man den Verhältnissen, den Umständen die Schuld zuschreibt. Denn: Der andere will mit seiner Schuld, jedenfalls mit seinem Schulderleben ernst genommen werden.

Wir können ihm behilflich sein – durch behutsames Nachfragen -, dass er seine Schuld nicht größer macht und nicht schwärzer malt, als sie vielleicht ist oder, bescheidener gesagt, als sie uns erscheint. Wir dürfen sie ihm aber auch nicht kleiner machen. Der andere will die Wahrheit sehen über sich und sein Leben und seine Schuld. Er ist vielleicht noch scheu, aber er ist im Grunde bereit – davon können wir ausgehen! –, die Schmerzen der Wahrheit in Kauf zu nehmen.

Auch davon gehen wir aus: Es geht im Gespräch um differenzierte Wahrnehmung der Schuld und der Verantwortung, die daraus erwächst für den, der schuldig geworden ist. Der andere sehnt sich nicht danach, dass ihm die Schuld wegoperiert, weggeredet wird, sondern dass sie geheilt wird in Gerechtigkeit und Wahrhaftigkeit und dass er sich versöhnen und Frieden finden kann.

These 7: Wie hört man zu? – „Schwebende Aufmerksamkeit"

Wesentlich ist: Man darf nicht nur hören auf das, was „passiert" ist an Schuld, Versagen, Kränkung, Sünde. Man muss auch hören und sehen und wahrnehmen und achten, was da in aller Schuld auch zum Vorschein kommt und anklingt: das Leiden, der Schmerz, die Enttäuschungen über sich und über andere, die ertragen wurden, und die Treue, Tapferkeit, Liebe, Sehnsucht und Lebenskraft, mit denen das alles ertragen wurde. Und man muss und kann im Gespräch auch darauf aufmerksam machen.

Ich erinnere an den Zuspruch bei der Beichte, nach der Lossprechung:

„Das Leiden unseres Herrn Jesus Christus, die Verdienste der heiligen Maria und aller Heiligen und alles, was du Gutes getan hast und Schlimmes ertragen hast, sei dir zur Vergebung der Sünden, zur Mehrung der Gnade und zum Lohn des ewigen Lebens. – Amen."

Wer mit sich selber wahrhaftig umgehen will, der muss beides sehen: Nicht nur die Schuld und die Sünde, sondern auch, „was du Gutes getan und was du Schlimmes ertragen hast". Denn auch das gehört zu einer realistischen Selbsteinschätzung in Wahrhaftigkeit dazu.

These 8: Die zentrale Frage: Wie willst du weiterleben?

Es geht bei solchen Gesprächen über Schuld im Grunde nicht um die Vergangenheit; die kann man nicht ändern. Das Anschauen der Schuld soll Zukunft und Leben eröffnen. Die entscheidende Frage ist: Wie kannst und willst du künftig mit deiner Lebensgeschichte zuversichtlich leben? Vielleicht löst diese Frage nach der Zukunft zunächst nur Ratlosigkeit aus. Man muss sich mit ihr viel Zeit lassen.

Wesentlich für den Begleiter, die Begleiterin ist: Die Frage ist nicht: Wie denke *ich* – als Begleiter/in, dass du nun weiterleben solltest? Sondern: Wie möchtest *du* weiterleben?

Bemerkenswert ist, wie Jesus in den Berichten der Bibel zu den Blinden, die um Erbarmen schreien, sagt: „Was wollt ihr, dass ich euch tue?" (Matthäus 20,32; ähnlich Lukas

18,41). Die suchenden Jüngern fragt er: „Was sucht ihr?" beziehungsweise „Was wollt ihr?" (Johannes 1,38). Der heidnischen Frau spricht er zu: „Was du willst, soll geschehen" (Matthäus 15,18). Einen Kranken fragt er: „Willst du gesund werden?" (Johannes 5,6).

Man ertappt sich leicht, wie man seine eigenen Wünsche anderen einreden will, und wie leicht man gekränkt ist, wenn andere die eigenen guten Ratschläge gar nicht so gut finden. Das ist oft eine harte Probe, weil man da die eigene Hilflosigkeit am meisten spürt. Dennoch: Es kommt darauf an, den Horizont offen zu halten. Es heißt in der Bibel: „Ich will euch Zukunft und Hoffnung geben" (Jeremia 29,11). Wohlgemerkt – wenn man bei der Bibel bleibt: Gott ist es, der gibt, nicht wir geben Zukunft und Hoffnung. Also: Keine Ratschläge – keine Besserwisserei! Der andere ist selber auf der Suche nach „Zukunft und Hoffnung". In dieser Suche darf ich ihn begleiten, vielleicht kann ich ihn bestärken.

Die Heilung von Schuld

These 9: Der Weg der Versöhnung kann ein langwieriger Weg sein

Vergebung der Schuld, Versöhnung mit sich selbst, Versöhnung zwischen Menschen, auch dass man sich mit Gott versöhnen lässt, können langwierige Vorgänge sein, Wege voll innerer Kämpfe. Schuld ist wie eine Wunde, die geheilt werden will. Und Wunden heilen nicht mit schnellen guten Vorsätzen. Heilung dauert oft lange und braucht unsere Geduld und Aufmerksamkeit.

Was die Beichte angeht, sollte uns bewusst sein: Der Zuspruch der Vergebung, die sakramentale „Lossprechung" ist ein Symbol. Es kann diese Wege der Heilung begleiten, sie erhellen. Es kann ermutigen, sie im Licht der Barmherzigkeit Gottes zu gehen. Aber es kann diese Wege nicht ersetzen.

Eine besondere Dimension erhält diese Tatsache am Lebensende. Wie ist das, wenn der Tod naht? Wenn keine Zeit mehr ist für lange Wege und Prozesse der Schuldverarbeitung? Dann heißt die Frage an den/die Sterbende/n vielleicht: Wie willst du in Frieden sterben? Kannst du loslassen? Wenn noch Unversöhntes da liegt: Kannst du den anderen zutrauen, dass sie deine Vergebung einmal annehmen können, und dass sie dir vergeben werden? Kannst du sagen „Es ist vollbracht!" und „Vater, in deine Hände lege ich meinen Geist und alle, die mir am Herzen liegen!"? Das sind schematische Formulierungen aus der christlichen Tradition, die eine Richtung deutlich machen.

These 10: Der Versöhnungsweg hat Ähnlichkeit mit Trauerprozessen

„Trauer" ist in diesem Sinn weiter gefasst als vielfach üblich. *„Trauer ist regelmäßig die Reaktion auf den Verlust einer geliebten Person oder einer an ihre Stelle gerückten Abstraktion wie Vaterland, Freiheit, ein Ideal undsoweiter" (Sigmund Freud).* Trauer entsteht, wenn es einen Verlust zu verarbeiten gilt: Verlust des Lebens in Krankheit zum Tod, Verlust eines geliebten Menschen durch Tod, Ehescheidung, den Verlust, wenn Eltern ihre heranwachsenden Kinder loslassen müssen, Verlust auch, wenn jemand schuldig wird, „seine Unschuld verliert“ und von der schmeichelhaften Selbsteinschätzung Abschied nehmen muss, er sei unschuldig und könne schuldlos durchs Leben kommen.

Heilung, Vergebung von Schuld sind also Vorgänge, die Trauerprozessen ähnlich sind und mit „Trauerarbeit“, also mit Mühsal und Schmerz verbunden sind. Geistliche Meister und Meisterinnen sprechen dabei von „Reue“. In Anlehnung an Elisabeth Kübler-Ross und Verena Kast nenne ich fünf „Phasen“ solcher Prozesse:

1 „Verleugnen“: Man erschrickt über die Schuld und möchte, dass sie nicht geschehen sei.

2 Ein „Chaos von Gefühlen“ bricht auf: Wut über sich selbst, Wut auf die andern, Wut auf die Eltern, auf die Situation überhaupt; Bitterkeit, Ratlosigkeit, Angst, Selbstmitleid, Trauer über das Geschehene. Ein biblisches Wort dafür ist: Es „drehen sich die Eingeweide um“ (gr. *splanchízesthai*) – Luther hat das übersetzt: „Es jammert mich/ihn“.

3 „Verhandeln“: Man geht mit sich zu Rate: Was ist eigentlich geschehen? War es wirklich so schlimm? Bin ich wirklich schuld?

4 „Suchen, sich trennen, sich öffnen“: Man wird sich klar über die Schuld und die Folgen, über das, was zu Ende gegangen ist, was nicht mehr möglich ist, und über das, was jetzt möglich wird. Man wird vertraut mit der Not des Lebens. Es geht einem auf, wie bedeutsam es ist, zu vergeben und sich vergeben zu lassen, barmherzig zu sein, auch mit sich selber, und zulassen zu können, dass andere mit einem barmherzig sind.

5 „Sich zurechtfinden“: Man findet innere Ruhe, Gelassenheit und Kraft und lernt, sich in der nun gegebenen Situation zurechtzufinden.

Solche Wege der Trauer und der Heilung von Schuld haben ihre eigene Dynamik. Man kann sie begleiten, aber nicht mutwillig abkürzen. Es braucht viel Geduld und einen langen Atem.

„Glückliche Schuld“?

Im Durcharbeiten der Schuld, im Gespräch, im geduldigen Aufeinanderhören (Rekonziliation) kann etwas erwachsen, das Menschen auf eine neue Ebene führt: Selbsterkenntnis vertieft sich, wir werden reifer, als wir vorher waren, erfahrener, erprobter, realistischer, aufmerksamer als vorher. Anders formuliert – im Anschluss an den liturgischen Lobpreis der Osternacht, das *Exsultet*: Die Schuld kann zu einer „glücklichen Schuld“ werden.

Fürchtest du, dein „Gesicht zu verlieren“, wenn du weinst?
Kannst du die Traurigkeit aushalten, von der ein anderer erzählt?
Welche Sehnsucht steckt in deinem Gegenüber? Welche Seufzer steigen in dir auf?
Wie findest du zu einer liebevollen Selbsteinschätzung?

Chor der Wolken

Wir sind voller Seufzer, voller Blicke
Wir sind voller Lachen
Und zuweilen tragen wir eure Gesichter.
Wir sind euch nicht fern.
Wer weiß, wie viel von eurem Blute aufstieg
Und uns färbte?
Wer weiß, wie viel Tränen ihr durch unser Weinen
Vergossen habt? Wie viel Sehnsucht uns formte?
Sterbespieler sind wir
Gewöhnen euch sanft an den Tod.
Ihr Ungeübten, die in den Nächten nichts lernen.
Viele Engel sind euch gegeben
Aber ihr seht sie nicht.

Nelly Sachs

Mein Glaube – Dein Glaube
Hilfe oder Hindernis in der Begleitung?
Von Erika Heusler

An einem schönen Sommertag um die Mittagszeit herrschte große Stille am Waldrand. Die Vögel hatten ihre Köpfe unter die Flügel gesteckt, und alles ruhte. Da streckte der Buchfink sein Köpfchen hervor und fragte: „Was ist eigentlich das Leben?" Alle waren betroffen über diese schwierige Frage.

Die Heckenrose entfaltete gerade eine Knospe und schob behutsam ein Blatt ums andere heraus. Sie sprach: „Das Leben ist eine Entwicklung." Weniger tief veranlagt war der Schmetterling. Er flog von einer Blume zur anderen, naschte da und dort und sagte: „Das Leben ist lauter Freude und Sonnenschein." Drunten im Gras mühte sich eine Ameise mit einem Strohhalm, zehnmal länger als sie selbst, und sagte: „Das Leben ist nichts anderes als Mühsal und Arbeit." Geschäftig kam eine Biene von einer honighaltigen Blume auf die Wiese zurück und meinte dazu: „Nein, das Leben ist ein Wechsel von Arbeit und Vergnügen."

Wo so weise Reden geführt wurden, streckte auch der Maulwurf seinen Kopf aus der Erde und brummte: „Das Leben? Es ist ein Kampf im Dunkeln." Nun hätte es fast einen Streit gegeben, wenn nicht ein feiner Regen eingesetzt hätte, der sagte: „Das Leben besteht aus Tränen, nichts als Tränen." Dann zog er weiter zum Meer. Dort brandeten die Wogen, warfen sich mit aller Gewalt gegen die Felsen und stöhnten: „Das Leben ist ein stets vergebliches Ringen nach Freiheit."

Hoch über ihnen zog majestätisch der Adler seine Kreise. Er frohlockte: „Das Leben, das Leben ist ein Streben nach oben."

Nicht weit vom Ufer entfernt stand eine Weide. Sie hatte der Sturm schon zur Seite gebogen. Sie sagte: „Das Leben ist ein Sichneigen unter eine höhere Macht."

Dann kam die Nacht. Mit lautlosen Flügeln glitt der Uhu über die Wiese dem Wald zu und krächzte: „Das Leben heißt: die Gelegenheit nützen, wenn andere schlafen." Und schließlich wurde es still in Wald und Wiese.

Nach einer Weile kam ein junger Mann des Wegs. Er setzte sich müde ins Gras und meinte: „Das Leben ist das ständige Suchen nach Glück und eine lange Kette von Enttäuschungen." Auf einmal stand die Morgenröte in ihrer vollen Pracht auf und sprach: „Wie ich, die Morgenröte, der Beginn des neuen Tages bin, so ist das Leben der Anbruch der Ewigkeit."[1]

Was ist eigentlich das Leben? In diesem Märchen geben die Tiere im Wald, die Weide, die Morgenröte jeweils unterschiedliche Antworten. Ihre Aussagen sind geprägt von ihrem Lebensraum, von ihrem Erfahrungshorizont, von den Möglichkeiten, die ihnen zur Verfügung stehen, und von den Grenzen, die ihnen gesetzt sind. Am härtesten tut sich die Ameise: „Das Leben ist nichts anderes als Mühe und Arbeit". Am leichtesten und spielerischsten hört sich der Satz des Schmetterlings an: „Das Leben ist lauter Freude und Sonnenschein".

Wenn wir Menschen unsere Sichtweisen zusammentragen würden, sähen wohl auch sie sehr vielfältig aus. Wie stellt sich das Leben jeweils für uns dar – eher als „Suche nach

1 Schwedisches Waldmärchen, Fundort unbekannt

Glück“ oder als „Kette von Enttäuschungen“? Dabei wären möglicherweise nicht nur zwischen uns Menschen, sondern auch im Laufe eines einzelnen menschlichen Lebens deutliche Unterschiede spürbar. Es kann sein, dass wir vor fünf Jahren, vor zehn Jahren, in einer anderen Lebenssituation eine andere Antwort gegeben hätten als heute.

Die Einstellung der Ameise – die Einstellung des Schmetterlings. Meine Einstellung zum Leben – deine Einstellung zum Leben. Und auch: Mein Glaube – dein Glaube.

Glaube

Es ist nicht einfach *unser* Glaube, unser christlicher Glaube, unser evangelischer, katholischer Glaube, sondern es ist auch *mein* und *dein* Glaube. Sich diese Unterscheidung bewusst zu machen, finde ich sehr wertvoll. Denn meine Erfahrung aus der eigenen seelsorgerlichen Praxis und aus der Ausbildung von Seelsorgerinnen und Seelsorgern ist, dass Begleitende schnell geneigt sind, den Glauben des anderen mit dem eigenen Glauben gleichzusetzen, dass sie schnell überzeugt sind zu wissen, was die andere braucht: Wenn mir ein gutes Wort, ein Bibelspruch, ein Bild in einer schwierigen Situation geholfen hat, dann müsste es doch eigentlich auch der anderen hilfreich sein! – Und ich bin enttäuscht, wenn dies nicht so ankommt, wie ich es gerne möchte.

Mein Glaube – dein Glaube. Glaube ist nicht nur der Glaubensinhalt, das, was wir glauben: unser Glaube an den dreifaltigen Gott, den Schöpfer des Himmels und der Erde, an Jesus Christus, der Mensch geworden, gekreuzigt und von den Toten auferweckt worden ist, und an den Heiligen Geist, der „Herr ist und lebendig macht", wie wir dies im Credo zum Ausdruck bringen. Glaube ist nicht nur diese uns als Christen gemeinsame Glaubenswahrheit. Glaube besitzt wesentlich auch eine existentielle, persönliche Ausprägung.

Glaube ist die Kraft, die diese Glaubenswahrheit für unser Leben besitzt. Glaube ist Vertrauen, Beziehung, Bindung – und diese Dimension von Glauben vor allem ist für die folgenden Ausführungen bedeutsam. Glaube ist die Beziehung, die uns im Leben und im Sterben trägt und hält; Glaube ist die Fähigkeit zu vertrauen, dass wir von Gottes Liebe umfangen sind, dass wir nicht allein durch das Leben gehen, sondern von Gottes Hand aufgefangen werden, wenn wir fallen; Glaube ist die Geborgenheit, die wir spüren; Glaube ist der Sinn, den wir unserem Leben geben können. Glaube ist das Gefühl, dass wir nicht für alles allein verantwortlich sind, sondern dass es über uns hinaus eine Ordnung, eine sinnstiftende Macht gibt; Glaube ist die Sicherheit, dass wir uns ausprobieren dürfen, dass wir unser Leben wagen können.

Mein Glaube – dein Glaube

Diese Kraft, dieses Vertrauen erfährt jeder und jede von uns unterschiedlich und einmalig. Ein auf den ersten Blick sehr einfach und eindeutig erscheinendes Wort – das Wort „Vater" – mag dies verdeutlichen. „Vater" kann für die einen Vorbild sein, verkörpert für andere Sicherheit und

Geborgenheit, steht auch für Disziplin und Strenge, für Fröhlichkeit und harmonische Stunden – und bei manchen ruft „Vater“ Gefühle von Alleingelassensein und Enttäuschung hervor. „Vater“ – ein sehr von persönlicher Erfahrung geprägter Begriff.

Ein wohl nicht einmaliges deutsches Schicksal: Ein Bekannter, 1937 geboren, hat seinen Vater immer nur als abwesend erlebt. Solange er klein war, war sein Vater im Krieg, später arbeitete der Vater als Fernfahrer. Er empfindet die Erinnerung an ihn nicht als hilfreich für sich. Vater ist für ihn nicht jemand, der da ist, wenn er ihn braucht, Vater ist für ihn nicht jemand, der Vorbild für ihn war, der ihn angeleitet hat, der mit ihm gespielt hat. Vater ist der, der nicht da ist. Wenn ich nun als Seelsorgerin, als Begleiterin von Gott, dem Vater, spreche, wenn ich das Bild vom Vater, das ich als tröstlich empfinde, ihm mitgebe, wie wirkt das dann auf ihn? Vermittelt es Geborgenheit oder verstärkt es die Einsamkeit? Schenkt es Hoffnung oder ruft es Schmerz hervor? Ich weiß es bei einem noch fremden Gegenüber erst einmal nicht.

Mein Glaube – dein Glaube: „Mein“ und „dein“ sind besitzanzeigende Fürwörter. Mein Glaube ist mein Besitz, mein ganz persönliches Eigentum. Mein Glaube ist das Grundvertrauen ins Leben, das mir meine Eltern mitgegeben haben. Mein Vertrauen ist gewachsen oder auch beeinträchtigt worden in dem, was sie mir vorgelebt haben, wie sie mich behütet und welchen Freiraum sie mir gelassen haben. Mein Gefühl der Geborgenheit ist gewachsen, wenn meine Mutter abends mit mir gebetet hat oder mir beim Fortgehen ein Kreuzzeichen auf die Stirn gemacht hat. Meinen Glauben habe ich im Laufe meines Lebens gepflegt, er ist erschüttert worden, er hat mich bewahrt und herausgefordert. Auf jeden Fall bin ich mit ihm ganz individuell umgegangen, mein Leben lang.

Dein Glaube hat eine andere Geschichte als mein Glaube. Es sind die Bilder deiner Kindheit von Gott und vom Leben. Ihn haben deine Eltern vermittelt, ihn haben deine Erfahrungen geprägt. Du hast ihn auf deine Weise genährt, gefeiert, vielleicht auch verloren und wiedergefunden. Er hat dich getragen und behütet – und in mancher Situation allein gelassen. Es ist dein ganz persönlicher Weg mit deinem Gott. Er hat deine Persönlichkeit geprägt. Er ist ein wesentlicher Teil von dir. Und als dieser verdient er meinen Respekt und meine Wertschätzung.

Der Umgang Jesu mit dem Glauben, der ihm begegnet
Die Unterscheidung „mein Glaube – dein Glaube“ findet sich bereits in der Bibel – erinnert sei an den Zuspruch Jesu: „Dein Glaube hat dir geholfen!“ Wie geht Jesus mit dem Glauben um, der ihm begegnet? Die Antwort lautet: in den verschiedenen Begegnungen ganz unterschiedlich. Zwei Heilungsgeschichten führen dies vor Augen.

Die Heilung der blutflüssigen Frau: Markus 5,24-34
Das Markusevangelium erzählt von einer Frau, die zwölf Jahre lang an Blutungen litt, von vielen Ärzten behandelt worden war, ihr ganzes Vermögen ausgegeben hatte –

umsonst. Ihre Krankheit wurde immer schlimmer. Als sie von Jesus hörte, ging sie dorthin, wo er öffentlich auftrat, drängte sich von hinten an ihn heran und berührte sein Gewand. Denn sie war überzeugt: „Wenn ich auch nur sein Gewand berühre, werde ich geheilt". Sofort hörte die Blutung auf und sie spürte, dass sie geheilt war. Die Geschichte geht noch weiter: Im selben Augenblick merkte Jesus, dass eine Kraft von ihm ausgegangen war, wandte sich um und fragte, wer sein Gewand berührt habe. Die Frau zitterte vor Furcht, heißt es, weil sie wusste, was mit ihr geschehen war. Und sie fiel vor ihm nieder. Er aber sagte ihr zu: *„Dein Glaube hat dir geholfen …* Du sollst von deinem Leiden geheilt sein".

Die Frau glaubt: „Wenn ich nur sein Gewand berühre, werde ich geheilt". Die blutende und damit unreine Frau, die niemanden berühren darf, die alles, was sie berührt, verunreinigt, geht damit ein großes Risiko ein. Sie handelt gegen alle Tabuvorschriften. Ihre tiefste Überzeugung ist: Jesus muss nicht mit ihr sprechen, er muss sich ihr nicht einmal zuwenden, ihr keine Hände auflegen, kein lösendes Wort zusagen. Sie glaubt: Wenn sie nur sein Gewand berührt, wird sie geheilt. Die Frau geht aktiv vor, Jesus ist am Anfang der Geschichte der eher Passive. Die Heilung geschieht fast ohne sein Zutun. In dem Moment, in dem die Frau ihn berührt, spürt er nur, wie Kraft von ihm ausströmt. Es ist ihr Zutrauen, ihre Risikobereitschaft, wahrscheinlich auch ihre Verzweiflung, die sie diesen Schritt gehen lässt. Es ist ihr Glaube, der sie heilt.

Dies ist umso erstaunlicher und beachtenswerter, als es sich von anderen biblischen und nichtbiblischen Heilungsgeschichten unterscheidet. Oft ist es der Glaube des Wundertäters, der heilt. Hier ist indessen eindeutig gesagt, dass nicht Jesu Glaube die Frau heilt, sondern ihr Glaube – ihr Glaube, der sich mit seiner Kraft vereinigt. „Dein Glaube, Frau, ist es, der dir geholfen hat!" bestätigt Jesus. Er stellt sich auf die Seite der Frau und würdigt ihren Glauben und ihr Handeln. Er schreibt ihr nicht vor, wie sie zu glauben und was sie zu tun hat, damit er ihr hilft. Jesus lässt sich auf den Glauben der Frau ein, so wie er ist, und unterstützt sie darin.

Die Heilung des blinden Bartimäus: Markus 10,46-52

In einer weiteren Heilungsgeschichte schreibt Markus, dass der blinde Bettler Bartimäus am Wegrand saß, als Jesus Jericho verließ. Sobald er hörte, dass Jesus vorbeiging, schrie er laut: „Sohn Davids, Jesus, hab Erbarmen mit mir!" Als viele ihm befahlen zu schweigen, rief er um so lauter um Erbarmen. Jesus blieb stehen, ließ Bartimäus zu sich rufen und fragte ihn: „Was soll ich dir tun?" – „Ich möchte wieder sehen können" formulierte der Blinde daraufhin seinen innigen Wunsch. Da sagte Jesus zu ihm: *„Dein Glaube hat dir geholfen"*. Und im gleichen Augenblick konnte Bartimäus wieder sehen.

Auch dem Bartimäus bestätigt Jesus, dass es sein Glaube ist, der ihn gesund gemacht hat. Wie die blutende Frau überschreitet Bartimäus mit seinem Glauben Grenzen. Er, der Blinde am Wegrand, der wohl in der Regel übersehen wird, bringt sich plötzlich laut zu Gehör. Er ruft so laut um Erbarmen, dass viele um ihn herum ärgerlich werden. Mit ihm geht Jesus anders um als mit der blutenden Frau: Ihn, der nicht selbst auf Jesus zugehen kann, lässt er herbeirufen. Ihn, der seinen tiefen Wunsch nicht von sich aus formuliert, unterstützt Jesus mit der Frage: „Was soll ich dir tun?“ Er gibt Bartimäus den Schutz und den Freiraum, dass dieser sagen kann, was er zutiefst möchte und braucht.

Zwei Begegnungen Jesu mit dem Glauben von Menschen: Sie unterscheiden sich darin, wie die Begegnung jeweils aussieht, wie aktiv Jesus wird. Und sie gleichen sich darin, dass es nicht der Glaube Jesu, des Heilers, des Begleiters ist, der die Richtung vorgibt. Den Maßstab bildet der Glaube der Kranken, der Glaube des Behinderten. Jesu Glaube, seine Beziehung zu seinem Gott verbindet sich mit dem Glauben seines Gegenübers: in der Kraft, die von ihm ausströmt, in der Macht zum Heilen. Auslöser der Heilung bleibt indessen allein der Glaube der / des Hilfsbedürftigen. Der Glaube des anderen ist in den Augen Jesu unbedingt zu würdigen. Der Glaube der anderen besitzt in den Augen Jesu einen so großen Wert, eine so große Kraft, dass allein er über Wohl und Wehe bestimmt.

Wenn ich dich begleite, ist es nach dem Vorbild Jesu dein Glaube, der die Richtung angibt, ist es nach dem Vorbild Jesu dein Glaube, der meinen ganzen Respekt und meine ganze Wertschätzung verdient.

Begleitung: Auf deinem Weg begegnen sich dein Glaube und mein Glaube

Begleitung heißt somit, dass die Initiative bei dir liegt, dass du den Weg wählst, den du gehen willst, und dass sich auf deinem Weg du und ich, dein Glaube und mein Glaube begegnen. Wie gelingt diese Begegnung?

Ich habe ein Bild, ein Foto, auf dem Sinai aufgenommen, das mir sehr wichtig geworden ist: Es zeigt den Weg vom Katharinenkloster zum Gottesberg Horeb, es zeigt die Stufen, die die Mönche des Klosters in jahrelanger, vielleicht jahrzehntelanger Arbeit angelegt haben, um den Aufstieg zum Berg zu ermöglichen und zu erleichtern. Es zeigt Felsen und ein Tor, das scheinbar direkt in den Himmel führt. Wenn ich einen Menschen in seinem Sterben begleite, heißt das, dass ich ein Stück seines Weges mit ihm gehe, dass wir ein Stück gemeinsam auf dem Weg sind auf dieses Tor zum Himmel zu. Doch nur er – und das unterscheidet uns – wird den Weg durch dieses Tor gehen. Ich werde erst einmal zurückbleiben, ich werde weiterleben und meinen Weg weitergehen. Und ich kann mich nicht einfühlen, was es für den anderen bedeutet, unmittelbar vor diesem Tor zu stehen – das ist die Grenze, die es zu respektieren gilt. Der Satz „Ich verstehe dich" ist sehr schnell ausgesprochen. Ich bin davon überzeugt, dass ich im letzten nicht verstehe, nicht begreife, wie es dir, dem Sterbenden, geht. Auch wenn ich selbst bereits schwer krank gewesen bin, vielleicht selbst schon einmal an der Schwelle des Todes gestanden habe – dies ist eine andere Situation, und deine Situation ist einmalig. Nur du kannst mir sagen, wo du jetzt stehst auf diesem Weg, ob du einen

Schritt weitergehen möchtest oder ob du stehen bleiben und Atem holen willst.

Es gibt schon Abschnitte, auf denen der Weg breit genug ist und wir gut nebeneinander gehen können; es gibt die Abschnitte, auf denen unsere Erfahrungen ähnliche sind, wo ich dir sehr nah sein kann, wo wir einen Gleichklang spüren, wo es die gleichen Bilder sind, die gleichen Hoffnungen, die gleichen Gebete, die uns halten und trösten.

Es gibt aber auch Wegstrecken, die so schmal sind, dass ich hinterhergehen muss, Erfahrungen, die mir nicht vertraut sind, bei denen ich allein auf deine Führung angewiesen bin. Es gibt Passagen, auf denen ich in dem Tempo, das du vorgibst, nicht mitkomme. Es gibt Felsen, die den Weg versperren, den du dir vorgenommen hast. Es gibt auch Wege, auf denen ich vielleicht die falsche Begleiterin für dich bin, auf denen ich deinen Weg nicht mitgehen kann, sondern dich in meine Richtung ziehen möchte, auf denen ich dir möglicherweise deinen Weg zusätzlich schwer mache – oder auch umgekehrt, auf denen ich dich auf einen einfacheren Weg locken will, der doch nicht der deine ist. Es gibt Schritte von dir, bei denen ich dir wohl mehr Gegenüber sein muss und weniger Begleiterin. Es gibt Schritte, bei denen es mir mein Glaube, meine Ethik gebietet, dich auf mögliche Irrwege aufmerksam zu machen.

Begleiten heißt: Du wählst den Weg und du gehst ihn – mit deinem Glauben, deinem Vertrauen und mit deinen Ängsten, mit den Ausblicken, die sich eröffnen, und mit den

Abgründen, die sich auftun, mit deinen Bildern, die dich tragen und manchmal auch im Stich lassen. Du gehst deinen Weg, und ich gehe eine Etappe deines Weges mit dir – mit meinem Glauben, mit meiner Unsicherheit, mit meiner Sicht des Lebens. Ich kann deinen Weg nicht für dich gehen, ich kann dir von deinem Schicksal nichts abnehmen. Ich kann mit dir gehen. Ich kann dich aufmerksam machen: „Nimm das Grün wahr auf den Stufen, schau das Blau des Himmels über dir; dein Weg ist nicht so dürr, wie du meinst!" Ich kann dich einladen zurückzuschauen, welch großes Stück des Weges du schon geschafft hast, wie viel Kraft du dabei gehabt hast – dass diese Kraft in dir steckt und dir auch weiterhin zur Verfügung steht. Ich kann dich auf Gefahren hinweisen. Und ich kann mit dir gehen, wenn du plötzlich vor einem Abgrund stehst und durch diesen Abgrund gehen musst, um auf den nächsten Hügel zu gelangen.

Impulse für die Begleitung

Was folgt aus diesen Überlegungen konkret für die Begleitung? Auf einiges möchte ich genauer eingehen. Grundsätzlich aber gilt: Hilfreich ist all das, was den Respekt, die Ehrfurcht, die Wertschätzung dir und deinem Glauben gegenüber und den Respekt mir und meinem Glauben gegenüber fördert.

Nachfragen anstatt zu wissen

Das heißt im einzelnen: Hilfestellung ist all das, was das Mein und Dein nicht vorschnell zu einem Unser macht, sondern zutiefst anerkennt. Ich respektiere dich in deinem

Anderssein, wenn ich nachfrage, wie du etwas meinst, anstatt zu meinen, es zu verstehen. Ich weiß erst einmal nicht, wie du deinen Glauben lebst. Ich weiß nicht, welche Kraft du aus deinem Glauben schöpfst. Ich weiß nicht, welche Bilder dich trösten und halten: nachfragen anstatt zu wissen – deiner Spur folgen – mich in deine Welt vortasten. „Was willst du, dass ich dir tun soll?" fragt Jesus den Bartimäus.

Ein Beispiel: Wenn eine Patientin mit mir beten möchte, macht es einen Unterschied, ob ich sage: „Beten wir folgendes Gebet …" oder ob ich frage: „Gibt es ein Gebet, das Sie besonders gern beten, das Sie in schwierigen Situationen Ihres Lebens getragen hat?" Und wir beten dann dieses ihr Gebet.

Ein zweites Beispiel: Eine Abschiedsfeier, eine Aussegnung bietet den Raum, dass die Angehörigen noch einmal einzeln und persönlich Abschied nehmen können von ihrer Verstorbenen. Es hat eine andere Wirkung, wenn ich sage: „Ich lade Sie ein, die Verstorbene noch einmal zu umarmen", weil ich das für eine gute Form des Abschieds halte – oder wenn ich frage: „Wie möchten Sie Abschied nehmen, wie haben Sie bisher im Leben immer wieder Abschied genommen: mit einer Umarmung, einem Händedruck oder einem lieben Wort …?"

Fragen zulassen, anstatt Antworten zu geben

Respekt erweise ich dir, wenn ich Fragen zulasse, anstatt Antworten zu geben. So sehr sich Orientierungshilfen für mich aufgetan und bewährt haben: Es sind meine und nicht die deinen. So gern ich dir auch in deiner Unsicherheit beistehen möchte – oder vermeide ich damit auch nur meine Unsicherheit als Begleiterin? Du musst deine Antworten selbst finden, nur dann trägt sie dich im Leben und im Sterben. Dies auszuhalten, kann ein schmerzlicher Prozess sein, für dich und für mich.

Nahe sein und Distanz halten

Eine besondere Herausforderung ist in diesem Kontext das Zusammenspiel von Nähe und Distanz. Wenn ich dir nicht nahe bin, kommt zwischen uns nichts ins Schwingen. Wenn ich keine Distanz habe, wenn ich gefühlsmäßig zu stark gebunden bin, ist es nicht dein Weg, auf dem ich dich begleite. Gibt es Momente, in denen meine Erwartungen, meine Wünsche plötzlich eine größere Rolle spielen als die deinen? Um Distanz halten zu können, brauche ich als Begleiterin meinerseits Räume, in denen ich wichtig bin, in denen ich meine Themen zur Sprache bringen kann. Um mich zurücknehmen zu können, brauche ich meinerseits Menschen, die mich begleiten.

Freiheit geben, ein Angebot anzunehmen oder abzulehnen

Es geht jetzt um dich und um deinen Weg mit deinem Gott. Wann du mit mir über deinen Glauben, über deine ganz persönliche Beziehung zu Gott sprechen möchtest, wann und ob du mit mir beten möchtest, bestimmst du allein. Ich kann es dir anbieten, wenn es mir ein guter Zeitpunkt, eine dafür offene Atmosphäre zu sein scheint. Ob du das Angebot annimmst, darin bist du frei. Wie du mir Anteil an deinem Glauben geben willst, auch darin bist du frei. Ich bin darin frei, dir Anteil an meinem Glauben zu geben.

Sich diese Freiheit zu geben, ist keineswegs leicht. Ein Angebot zu machen und dem anderen die Freiheit zu lassen, es anzunehmen oder nicht, ist sehr anspruchsvoll. Gerade wenn ich etwas für mich als wertvoll entdeckt habe, möchte ich es doch so gern dem anderen vermitteln! Für diese Freiheit brauche ich genügend inneren Selbststand, um nicht gekränkt zu sein, um mich nicht als Person abgelehnt zu fühlen, wenn der oder die andere auf mein Angebot nicht eingehen kann. Und dies ist unabdingbar für die Begleitung.

Anderssein als Bereicherung entdecken

Hilfreich ist, wenn dein Anderssein nicht schwierig für mich ist, keine Bedrohung für mich darstellt, sondern mich aufmerksam macht für dich, mich neugierig macht, mich dir in der Haltung begegnen lässt, was ich meinerseits für mich von dir lernen kann. Wenn du in vielem ähnlich denkst, fühlst wie ich, können wir aneinander nicht so viel Neues entdecken, werden wir selber nicht so hinterfragt in unseren Gewohnheiten, in unseren Denkmustern, auch in unserem Glauben, als wenn du so ganz anders bist als ich. Anderssein bereichert.

Loslassen und Grenzen annehmen

Immer wieder ist meine Bescheidenheit als Begleiterin gefragt: Wenn du stirbst, bist du am Ende deines irdischen Weges angekommen. Du musst an diesem Punkt nichts mehr verändern, dir stehen auch nicht mehr alle Möglichkeiten zur Verfügung. Eher erlebst du jetzt Einschränkungen. Das Bild vom Aufstieg auf den Berg sei noch einmal herangezogen: Deine Schritte werden eher kürzer, dein Atem schwerer. Wo vorher vielleicht noch viel Schwung da war, wird nun so manches langsamer und bescheidener. Du kannst deinen Tod sterben, wie es für dich stimmt, wie es für dich eben geht. Du musst am Ende deines Lebens nicht mehr über dich hinauswachsen, du musst nicht etwas mir zuliebe tun, was du dein Leben lang nie getan hast. Hier geht es eher darum, auf Vertrautes – auf vertraute Gewohnheiten, auf vertraute Gebete – zurückzugreifen als aufzufordern, Neues auszuprobieren.

Konkret stehe ich als Begleiterin manchmal vor der Aufgabe, Abschied zu nehmen von meinem Wunsch nach einem idealen Verlauf des Sterbens. Das Sterben ist oft nicht so, wie ich es gerne hätte: Ein Mann stirbt und will sich mit seiner Frau nicht versöhnen. – Eine Frau stirbt, ohne ihr Kind noch einmal gesehen zu haben, was ihr sehnlichster Wunsch gewesen ist. – Ein junger Mensch, der sehr gesund und sehr bewusst gelebt hat, stirbt an Krebs, voll innerer Auflehnung gegen die Ungerechtigkeit des Schicksals. – Begleiten heißt für mich loslassen, die Endlichkeit, die Begrenztheit des Lebens akzeptieren. Begleiten heißt für mich, dass mein Glaube daran gefordert ist, dass alle Begrenztheit in Gottes Liebe aufgehoben ist.

Potential anerkennen

Hilfreich ist die Vorannahme: „Du hast alles in dir, was du brauchst, um deinen Weg, deinen Weg mit deinem Gott gehen zu können“. Ich als Begleiterin kann dich aufmerksam machen auf das, was du vielleicht aus den Augen verloren hast, auf die Kraft, die du hast, auf das Bild, das dich trägt, aber ich kann und ich brauche für dich nichts hinzufügen. Du hast all das in dir, was du brauchst. Ich bin nicht die, die dich halten muss, denn du bist wie ich von Gott gehalten und getragen – eine Einstellung, die mich entlasten kann.

In der Endzeitrede des Matthäusevangeliums sagt Jesus: *„Was ihr dem geringsten meiner Brüder und Schwestern getan habt, das habt ihr mir getan… Ich war hungrig, und ihr habt mir zu essen gegeben; ich war durstig, und ihr habt mir zu trinken gegeben. Ich war nackt, und ihr habt mir Kleidung gegeben. Ich war krank, und ihr habt mich besucht" (Matthäus 25,36ff).* Wenn ich zu dir gehe, wenn du krank bist oder im Sterben liegst, begegne ich in dir Christus. Ich muss nichts hinzufügen, ich muss nichts leisten, ich begegne dir und in dir Christus.

Mich und meinen Glauben respektieren

Hilfreich kann ich sein, wenn ich auch meinen Glauben, mein Vertrauen und meine Ängste ernst nehme: Auf welchen Wegen kann ich dich gut begleiten – und wo bin ich unsicher? Wo sind meine Grenzen? Wo brauche ich selber Unterstützung? Wo brauche ich auch Schutz? Das Mein ist genauso wichtig wie das Dein. Meinen Glauben kann ich zur Verfügung stellen, mein Glaube hält mich, ist meine Kraftquelle, wenn ich dich in deinen Ängsten begleite, aber mein Glaube kann auch an seine Grenzen kommen. Genauso wichtig, wie zu dir barmherzig zu sein, ist die Barmherzigkeit mir selbst gegenüber: mir zu verzeihen, wenn ich ungeduldig werde, wenn ich am liebsten weglaufen möchte, wenn ich etwas nicht mehr ertragen kann. All das gehört zu mir: die Möglichkeiten, die ich habe, der gute Wille, den ich mitbringe, der Glaube, den ich in die Waagschale werfe, und die Grenzen, die mir gesetzt sind.

Hilfreich kann ich sein, wenn ich mir und meinem Glauben traue. Manchmal führt mich der Respekt vor meinem Glauben auch dahin, dir Gegenüber zu sein, dir meine Überzeugung entgegenzusetzen. Manchmal führt mich mein Glaube dahin, mit dir zu ringen, dir die Auseinandersetzung nicht schuldig zu bleiben.

Wenn ich Sterbende begleite, verändere ich mich, und mein Glaube verändert sich. Es ist kein einfacher Weg, der Weg auf den Berg bis hin zu dem Tor, aber es ist ein sich lohnender Weg. Wenn wir noch einmal zurückschauen auf das Märchen vom Anfang, wo es um die Frage ging: „Was ist eigentlich das Leben?“: Jedes Tier teilt in dem Märchen seine Sichtweise mit – und bleibt mit seiner Sicht allein. Es verändert sich auch nichts. Der Lohn der Begleitung ist, dass wir nicht allein bleiben, sondern dass wir einander begegnen, in Beziehung treten, voneinander lernen. Jede Lebenssicht, jedes Glaubensbild hat Teil an der Wirklichkeit. Der Schmetterling kann die Ameise bereichern und die Ameise den Schmetterling. Heraus kommt: „Das Leben besteht aus Arbeit und aus Freude, aus Mühe und aus Sonnenschein“ – und gemeinsam kommen die beiden der Wahrheit ein großes Stück näher.

Traust du deinem eigenen Glauben?
Was traust du dem Glauben des anderen zu? Auch, seine eigenen Antworten zu finden?
Hast du Widerspruch und Auseinandersetzung schon einmal gewagt? Konntest du Fremdes und Anderssein aushalten?

Unvollendet

Auf meiner Handfläche
geschrieben
Licht- und Schatten-
linien
Liebeslinie Lebenslinie
ein Kreuz
viele Striche
kreuz quer
der Buchstabe A
unvollendet

Rose Ausländer

Heilende Zeichen?
Riten und Rituale in der Begleitung
Von Andreas Ebert

In den letzten Jahren ist die Bedeutung von Riten und Ritualen für das menschliche Alltagsleben neu entdeckt worden – von Riten und Ritualen, die ursprünglich in die religiöse Sphäre gehören. Das Wort „Ritual“ bedeutet „Ordnung“, „Gewohnheit“, „Brauch“. Ein Ritus beziehungsweise Ritual ist etwas, das immer wieder auf dieselbe oder eine ähnliche Weise getan wird. Riten sind ganzheitliche Handlungen. Sie werden allerdings oft von deutenden, meist festgelegten Worten begleitet. Manche Riten und Rituale können aber auch wortlos geschehen – eine segnende Berührung zum Beispiel, eine bestimmte Geste.

Rituale ohne deutende Worte sind freilich mehrdeutig und können von unterschiedlichen „Empfängern“ unterschiedlich interpretiert werden. Sie können anders ankommen, als sie gemeint sind. Ein Kreuz beispielsweise, mit dem Finger auf die Stirn gemalt, kann für die eine Person ein Zeichen des Segens sein, von der anderen hingegen als kirchliche Vereinnahmung empfunden werden. Deshalb erfordert der Einsatz von Riten und Ritualen Fingerspitzengefühl.

Darüber hinaus müssen wir uns bewusst machen, dass viele unreflektierte, „automatisch“ ablaufende Rituale Teil unserer Kommunikation sind. Ich möchte zu einem bewussten und achtsamen Umgang mit Riten und Ritualen ermutigen. Denn die Sprache der Riten und Rituale kann Schichten in uns berühren und heilen, in die das gesprochene Wort nicht hinabreicht.

Was ist ein Ritus oder ein Ritual?

In der Religion ist ein Ritus eine geordnete Zeremonie, deren Ablauf relativ streng festgelegt ist. Zu den gemeinsamen christlichen Riten gehören vor allem die Hauptsakramente Taufe und Abendmahl beziehungsweise Eucharistie, aber auch rituelle Handlungen im Zusammenhang mit der Eheschließung (Ringwechsel), der Firmung und Konfirmation (Handauflegung) oder der Bestattung (dreimaliger Erdwurf). Die römisch-katholische Tradition kennt darüber hinaus eine Vielzahl von rituellen Handlungen, die die Protestanten nicht übernommen haben: Zum Beispiel die Selbstbekreuzigung mit Weihwasser, die Beweihräucherung des Altars oder der Gemeinde durch den Priester, die rituelle Auflegung des Aschenkreuzes am Aschermittwoch, sowie die Fußwaschung am Gründonnerstag und die Krankensalbung, mit denen wir uns später noch beschäftigen werden. Andere Religionen haben eigene beeindruckende Rituale: das Judentum etwa die Beschneidung der Knaben oder das Pessachmahl, dessen Abfolge genau festgelegt ist, der Islam die streng geregelte Wallfahrt nach Mekka, der Hinduismus das rituelle Reinigungsbad im heiligen Fluss.

Religiöse Rituale können lebendig sein oder sinnentleert und nichtssagend – ja, das gleiche Ritual kann beides sein. So habe ich es schon erlebt: Bei uns Evangelischen gibt es leider nicht den Brauch, am Aschermittwoch als Erinnerung an die eigene Sterblichkeit mit Asche gezeichnet zu werden. Ein wunderbares Ritual ist das, insbesondere in einer Zeit und Kultur wie der unseren, die alles verdrängt, was mit Tod und Sterben zu tun hat! Vor einigen Jahren bin ich deshalb am Aschermittwoch morgens in eine katholische Kirche in unserer Stadt gegangen, um mir auch ein Aschenkreuz zu „holen". Ich wurde enttäuscht. Der Gottesdienst wirkte auf mich lieblos. Mechanisch betete der Priester die vorgeschriebenen Worte. Wie am Fließband wurde das Aschenkreuz ausgeteilt. Ich verließ die Kirche und war frustriert. Da war nach meinem Empfinden ein großartiges Zeichen durch achtlosen Umgang verschenkt, ja entwertet worden. Bei mir jedenfalls hat es seine Wirkung nicht entfaltet. Heuer bin ich am Aschermittwoch ins Münchner Benediktinerkloster St. Bonifaz gepilgert, wo der Abt in der Frühmesse den Mönchen und den wenigen Gottesdienstbesuchern das Aschenkreuz spendete. Es waren dieselben Worte wie damals, es war dasselbe Zeichen. Aber durch die gesammelte und achtsame Art des Abtes entstand für mich ein stimmiges Ganzes. Das Zeichen konnte mich erreichen und seine Wirkung entfalten.

Beim Umgang mit Ritualen geht es immer um zweierlei: erstens um einen klaren, geordneten und nachvollziehbaren Ablauf. Das ist sozusagen die objektive Seite des Ritus. Es geht aber zweitens auch um die wache, liebevolle und präsente Beteiligung derjenigen, die das Ritual vermitteln. Das ist die subjektive Seite. Sie trägt dazu bei, dass das Gemeinte „überspringen" kann, dass echte Resonanz entsteht.

Auch in der evangelischen Kirche ist man sich in den letzten Jahren bewusst geworden, dass unsere Glaubenspraxis kopflastig ist. Der Gottesdienst steht und fällt mit der Predigt. So hat man hat begonnen, das Abendmahl öfter zu feiern; man ist dabei, urchristliche Rituale wie die persönliche Segnung oder die Salbung eines Menschen mit wohlriechendem Öl neu zu entdecken. In der „Thomasmesse", einem „Gottesdienst für Zweifler und andere gute Christen", der Ende der achtziger Jahre des 20. Jahrhunderts in Finnland entwickelt wurde und inzwischen im ganzen nordeuropäischen und deutschen Raum zahlreiche Nachahmer gefunden hat, wurde von Anfang an der Versuch gemacht, stimmige Riten für heute zu entwickeln. Neben der persönlichen Segnung und Salbung ist zum Beispiel in Bremen und München ein „Handwaschungsritual" entstanden, das den Charakter einer persönlichen Beichte hat. Nach dem Aussprechen einer persönlichen Belastung oder Schuld wird durch einen dreimaligen Wasserschwall über dem Taufbecken mit deutenden Worten die Loslösung und Absolution zugesprochen[1].

Neben der gesprochenen Sprache brauchen wir die Sprache der Bilder, Symbole und Zeichenhandlungen, um dem Ausdruck zu verleihen, wofür Worte nicht ausreichen. Wir brauchen diese „zweite Sprache" insbesondere in Krisen- und Schwellensituationen unseres Lebens. Die Geburt eines Kindes, die Pubertät, die Hochzeit, das Sterben sind Übergänge, die mit den Mitteln der Sprache allein kaum zu bewältigen sind. Selbst die Funktionäre des antireligiösen Sozialismus östlicher Prägung waren sich bewusst, dass kirchliche Pubertätsrituale wie die Konfirmation oder Firmung nicht entbehrlich sind, sondern im Lebenszyklus

1 Vgl. Tilmann Haberer, Die Thomasmesse – Ein Gottesdienst für Zweifler und andere gute Christen, München 2000, insbesondere „Segnung und Salbung" S. 149ff. und „Einladung zur Handwaschung" S. 186f.

geradezu notwendig. So entstand die Jugendweihe, übrigens das einzige noch funktionierende Relikt des Sozialismus im entkirchlichten Ostdeutschland (wenn auch von sozialistischen Inhalten gereinigt). Gerade autoritäre Ideologien wissen um die Macht der Rituale und bedienen sich ihrer. Die Parteitage der Nazis mit ihren Lichtorgien und mit ihrer bombastischen Symbolik waren perfekte massenpsychologische Inszenierungen. Und weil Rituale auf tiefere Schichten der Seele wirken als Worte, können sie auf besonders suggestive Weise zur Manipulation missbraucht werden. Wer die Rituale meistert, meistert die Seelen. Deswegen ist ein achtsamer, die Freiheit des Mitmenschen respektierender Umgang mit Ritualen angesagt, wenn ich sie zur Stützung und Begleitung bewusst einsetze.

Ich muss wissen, was ich tue und mir über gewisse Gefährdungen im Klaren sein. Aber ich brauche auch Mut, das Unsagbare auszudrücken. Denn gerade bei der Verarbeitung von Lebenskrisen wie bedrohliche Krankheiten oder Verstrickung in schwere Schuld können die richtigen Rituale, achtsam gehandhabt, hilfreich und heilsam sein. Rituale entlasten den Kopf und die Seele, Rituale können Transformation bewirken und verschüttete Trauer freisetzen.

In der evangelischen Kirche beispielsweise fehlt de facto die Praxis eines Rituals der Schuldbewältigung, wie es im Idealfall die katholische Beichte darstellt. Das erwähnte Beispiel aus der Thomasmesse ist ein Versuch, diesen Mangel zu beheben. Die Beichte in der katholischen Kirche ist ja nicht deshalb in die Krise geraten, weil der moderne Mensch kein Sündenbewusstsein oder keine Sehnsucht nach Freispruch mehr hätte, sondern weil die Beichte sich im Bewusstsein vieler Menschen als Instrument moralischer Gängelung durch die Amtskirche darstellt. Der Psychoboom beweist, wie sehr sich Menschen auch heute danach sehnen, in einem geradezu rituellen Setting von dem Dunklen des eigenen Lebens entlastet zu werden, indem sie es aussprechen und die Erfahrung machen, so angenommen zu sein, wie sie nun einmal sind.

Alltagsrituale

Verhaltensforscher haben in den letzten Jahrzehnten Riten und Rituale der Alltagssphäre untersucht. Dabei hat man erkannt, dass menschliches (und ebenso tierisches!) Verhalten insgesamt viel festgelegter, standardisierter und gleichbleibender ist, als auf den ersten Blick zu vermuten wäre. Alltagsrituale sind Hilfsmittel, mit denen wir uns in bestimmten Lebenssituationen zurechtfinden und die das menschliche Zusammenleben erleichtern. Sie werden in der Regel unbewusst gehandhabt, sind so eingeübt und „eingefleischt", dass sie automatisch wirken. Zu solchen schlichten Alltagsritualen gehören zum Beispiel in Deutschland das Händeschütteln bei der Begrüßung und Verabschiedung, höfliche Floskeln wie die Frage „Wie geht's?" oder der Wunsch „Gesundheit!", wenn das Gegenüber niesen musste. Die Erziehung kleiner Kinder besteht nicht zuletzt in der Einübung gewisser ritualisierter Abläufe, zum Beispiel im Bereich der Körperhygiene, aber auch an der Schwelle von Tag und Nacht: Zähneputzen, Gute-Nacht-Geschichte, Lied, Gebet – die Wiederkehr von Vertrautem sorgt für Sicherheit, Rituale schaffen einen kleinen Kosmos, der Geborgenheit gewährt.

Es gibt vorbewusste, unbewusste und bewusst praktizierte und eingesetzte Rituale. Wenn wir über Rituale im Zusammenhang mit der Begleitung schwerkranker Menschen reden, dann geht es darum, uns bewusst zu machen, was im allgemeinen unbewusst abläuft, und konsequent und bewusst Rituale zu entwickeln und einzusetzen, die stützen, entlasten, trösten und heilen können.

Riten und Rituale bei der Begleitung schwerkranker und sterbender Menschen

Ich unterscheide zwischen Ritualen, die die begleitende Person der begleiteten Person anbieten kann, und Ritualen, die eine Kraftquelle des Begleiters oder der Begleiterin werden können. Rituale wirken wie gesagt vor allem dann, wenn sie stimmig sind, das heißt: wenn sie von allen Beteiligten nachvollzogen werden können. Das Risiko des Nicht-Gelingens besteht nach beiden Seiten. Es gibt die Gefahr der Übergriffigkeit: Ich stülpe dem anderen etwas über, was ihm nicht entspricht. Er fühlt sich emotional bedrängt oder religiös vereinnahmt. Es gibt aber auch die Gefahr der „Untergriffigkeit". Aus lauter Angst, dem anderen zu nahe zu treten, enthalte ich ihm ein Angebot vor, das ihm gut tun würde.

Die wichtigsten Rituale bei der Begleitung Kranker haben mit Berührung zu tun. Eine Kollegin von mir, die jahrelang in der Krankenhausseelsorge tätig war, hat mir auf die Frage: „Welche Rituale hast du denn am Krankenbett praktiziert?" lapidar gesagt: „Ich hab' die Leut' halt immer viel gestreichelt!" Einen Menschen streicheln ist ein wohltuendes Ritual. Einem Menschen die Hand halten ist ein Ritual. Einem Menschen den Schweiß abwischen, Mundhygiene… Dabei haben wir sensibel auf die Reaktionen des anderen zu achten. Es lässt sich erspüren, ob meine Berührung dem anderen wohl tut oder ob sie ihm zu viel ist. Solche Berührungen sind letztlich eine Form des Segnens. Segen ist die Weitergabe von Wärme, Wohlwollen und Leben. Segen ist Kontakt und Beziehung. Segen ist Nähe ohne Worte. Gleichzeitig weist Segen immer auch über die vorfindliche Beziehung hinaus auf das Ganze, auf eine universale Verbundenheit und Geborgenheit, auf Gott.

Gefahrvolle Übergänge im Leben, und zumal der Übergang vom Leben in den Tod, bedürfen des Segens. In allen Kulturen gibt es Passage-Riten, zu denen auch der Passage-Segen gehört. In einer berühmten biblischen Geschichte aus dem Alten Testament befindet sich der Erzvater Jakob am Flussufer des Jabbok. Er will am nächsten Morgen den Fluss überschreiten, um seinem Bruder wieder zu begegnen, den er um das Erstgeburtsrecht betrogen hat. Er hat Angst. Er weiß nicht, was ihn erwartet. Wird der Bruder ihm verzeihen – oder wird er ihn töten? In dieser Nacht ringt eine Gestalt mit Jakob. Er weiß nicht, ob es sich um ein Gespenst handelt oder um einen Dämonen, um den Teufel oder Gott. Als keiner der beiden Kontrahenten gewinnt, schlägt das unheimliche Wesen schließlich den Erzvater auf die Hüftpfanne. Aber nicht einmal der Schlag unter die Gürtellinie führt dazu, dass Jakob aufgibt. Er kämpft weiter, lässt sich nicht unterkriegen. Bei Anbruch der Morgendämmerung will sich das Wesen davonstehlen. Aber Jakob hält es fest: „Ich lasse dich nicht, du segnest mich denn." Die Gestalt gibt ihm den neuen Namen „Israel" („Gotteskämpfer") und sagt: „Du hast mit Gott und den Menschen gerungen und hast obsiegt!" Das Wesen verschwindet, und „Jakob geht die ein Licht auf", wie es poetisch heißt. Aber er hinkt. Als Gesegneter und Gezeichneter erreicht er das andere Ufer, wo ihn sein längst versöhnter Bruder erwartet (Genesis 32, 23-33).

Wer darf einen anderen Menschen segnen? Katholische Laien scheuen sich häufig davor. Evangelische Christinnen und Christen haben oft gar keine Erfahrung mit solchen Ritualen, obwohl Luther das „allgemeine Priestertum aller Gläubigen" proklamiert hat. Spirituellen Menschen ohne kirchliche Bindung fehlen oft Formen und die Formeln, um dem Segen eine sinnvolle Gestalt zu geben. Ich gehe davon aus, dass zum allgemeinen Priestertum aller Gläubigen, das seit dem Zweiten Vatikanischen Konzil auch von der katholischen Kirche stärker betont wird, die Vollmacht gehört, einen Mitmenschen zu segnen. Katholische Mütter früherer Zeiten haben ganz selbstverständlich den Kindern ein Weihwasserkreuz auf die Stirn gemalt, bevor die Kinder das Haus verließen. Eine Segensgeste, die die Formel „Behüt' dich Gott!" unterstützt und verleiblicht. Ich habe in den letzten Jahren mehr Mut gefunden, am Ende eines seelsorgerlichen Gesprächs, bei einem Hausbesuch oder am Bett eines Kranken einen Segen anzubieten. Nun bin ich evangelischer Pfarrer. Aber ich bin überzeugt, dass gerade der Segen eines Laien eine ganz besondere Wirkkraft haben kann, weil er nicht erwartet wird. So entsteht kaum der Eindruck, es könne sich um professionelle Routine handeln.

In der Thomasmesse werden Ehrenamtliche zum Dienst des Segnens und Salbens ausgebildet. Sie praktizieren dieses Ritual mit großer Selbstverständlichkeit. Zahlreiche positive Zeugnisse von Menschen, die so gesegnet worden sind, sind mehr als ermutigend.

Freilich kann und darf man nicht unvermittelt segnen, nicht einmal als Pfarrer. Ich frage mein Gegenüber immer: „Möchten Sie, dass ich Ihnen Gottes Segen zuspreche?“ Wenn mein Gegenüber das bejaht, male ich mit dem Finger ein Kreuz auf seine Stirn und sage: „Es segnet dich Gott der Vater, der dich aus Liebe geschaffen hat!“ Dann ergreife ich die rechte Hand meines Gegenübers, zeichne ein Kreuz in die Handfläche und sage: „Es segne dich Jesus Christus, der dein Bruder und Freund ist!“ Das wiederhole ich mit der linken Hand und den Worten: „Es segne dich der Heilige Geist, der dich tröstet und stark macht!“ Am Ende nehme ich die beiden Hände meines Gegenübers in meine Hände und schließe die Handlung mit einem Wunsch oder einem Bibelwort ab, also zum Beispiel: „Christus spricht: Kommt her zu mir alle, die ihr mühselig und beladen seid, ich will euch erquicken!“

Wichtig ist mir, dass ich nicht im eigenen Namen segne, sondern im Namen des Dreieinigen Gottes. Ich gebe den Segen Gottes weiter. Er fließt durch mich und meine Hände und ist doch viel größer als ich. Das entlastet auch mich. Veränderbar je nach Situation sind die Hinzufügungen. Ich kann zum Beispiel sagen: „Gott, der dich wie eine Mutter tröstet“ oder „Jesus Christus, dem nichts Menschliches fremd ist, der Schmerz, Einsamkeit und Tod durchlitten hat“, und ähnliche Worte. Auch der abschließende

Wunsch oder das Bibelwort kann variieren. Es gibt übrigens in christlichen Buchläden Kärtchen mit Bibelworten zu kaufen. Wenn man einige davon auswendig lernt, hat man ein kleines Repertoire von Worten an der Hand, hinter denen man selbst steht und die einem Mitmenschen wohl tun können.

Wenn ich weiß, dass mein Gegenüber keine religiöse Bindung hat oder gar eine negative Einstellung zu religiösen Formeln und Riten, muss ich auf segnende Gesten dennoch nicht verzichten. Ich kann beispielsweise fragen: „Darf ich Ihnen die Hand auflegen und Ihnen Kraft weitergeben?“ Wenn der Patient oder die Patientin einverstanden ist, kann ich ihr oder ihm die Hand auf den Kopf legen und sagen: „Ich wünsche Ihnen von Herzen, dass Sie in all dem, was Sie durchmachen, Kraft und Geborgenheit erfahren und spüren, dass Sie nicht allein sind!“ Nicht erst die religiöse Sprache macht den Segen zum Segen. Mit etwas Fantasie wird es uns gelingen, Segen weiterzugehen, ohne religiöse Worte zu benutzen.

Ähnliches gilt, wenn der oder die Segnende religiös nicht gebunden ist oder einer anderen Religion als dem Christentum angehört. Er oder sie wird eine Geste und eine Sprache finden, die dem anderen unaufdringlich vermittelt, dass der oder die Empfangende geliebt und angenommen ist in seiner oder ihrer Situation. Man sollte kein Ritual praktizieren und keine Formulierungen benutzen, hinter denen man selbst nicht stehen kann oder die das Gegenüber weltanschaulich vereinnahmen würden. Das gilt für christliche Formulierungen ebenso wie Formeln aus einer anderen, etwa der „esoterischen“ Sprachwelt.

Manchmal benutze ich beim Segnen wohlriechendes Salböl. Im Neuen Testament beauftragt Jesus seine Jünger, die Kranken zu salben. Im Jakobusbrief des Neuen Testaments, Kapitel 5, wird ein Heilungsritual für Kranke beschrieben:

„Ist jemand unter euch krank? Er soll die Presbyter (Ältesten) der Gemeinde zu sich rufen lassen. Die sollen über ihn beten, indem sie ihn mit Öl salben im Namen des Herrn. Und das Gebet des Glaubens wird den Kranken retten und der Herr wird ihn aufrichten; und wenn er Sünden begangen hat, so wird ihm vergeben werden. Bekennet also einander eure Sünden und betet füreinander, auf dass ihr Heilung erlangt. Viel vermag kraftvolles Gebet der Gerechten."

Zunächst einmal wird hier die Autonomie und Initiative des Kranken betont. Er selbst soll die Gemeindeältesten – eine Art Kirchenvorstand oder Pfarrgemeinderat – rufen. Aus den Heilungsgeschichten Jesu wissen wir, wie wichtig die Initiative des Kranken ist, die eindringliche Bitte um Hilfe. In mehreren Geschichten sagt Jesus zu Kranken, die ihn um Hilfe anflehen und sich nicht abwimmeln lassen: „*Dein* Glaube hat dir geholfen!" Das Öl wurde schon im antiken Israel benutzt, um Priester und Könige zu weihen und zu salben, die Juden erwarteten und erwarten die Ankunft eines von Gott „Gesalbten" (hebräisch „Messias") am Ende der Zeit, der Heil, Heilung und Gerechtigkeit bringt. Der Ehrentitel Jesu im Christentum heißt „Christus", der Gesalbte, weil die Christen ihn mit dem lang ersehnten dem Messias identifizierten. Aus der Geschichte vom Guten Samariter wissen wir darüber hinaus, dass Öl und Wein im alten Orient bei der Wundpflege benutzt wurden. All das schwingt mit, wenn Kranke mit Öl gesalbt werden. Sie bekommen Anteil am messianischen Heil. Schließlich sollen die Ältesten, die diesen Dienst tun, einander die Sünden bekennen. Da, wo Beziehungen zwischen Menschen geklärt und bereinigt werden, wo Menschen den eigenen Schatten sehen und annehmen, kann Leben und Heilung zu fließen beginnen – auch für andere.

Leider ist das wunderbare Ritual der Krankensalbung im Laufe der Geschichte zur „Letzten Ölung“ verkommen, die nur der geweihte Priester spenden kann. Das Zweite Vatikanische Konzil hat das zu korrigieren versucht; aber in den Köpfen vieler Menschen wird der Priester, der dieses Sakrament spendet, als Bote des Todes gesehen anstatt als Bote des Lebens. Auch hier muss ich als Protestant – wie so oft – sagen: Die Katholiken haben ein wunderbares Ritual, auch wenn vielleicht die Praxis manche Probleme aufwirft. Wir Protestanten aber haben in der Regel nicht einmal eine *schlechte* Praxis. Umso spannender ist es für uns, vieles wieder zu entdecken oder neu zu entwickeln. Nach evangelischer Sicht dürfte so ein Ritual jedenfalls nicht an die Rolle des geweihten Priesters gebunden sein, sondern wäre ein Dienst der ganzen Gemeinde, auch der Laien (siehe die „Ältesten“ bei Jakobus!). Insgesamt wünsche ich mir in diesem Bereich nicht weniger, sondern mehr Mut. Wir brauchen Orte, wo wir solche Rituale einüben. Das Beste ist, man lässt sich selbst auf die Erfahrung des Segensempfangs ein, bevor man sie an andere weitergibt.

Zu den weitgehend vergessenen oder an den Rand gedrängten christlichen Segensritualen gehört auch die

Fußwaschung. Nach allen offiziellen Kriterien müsste sie eigentlich zu den „Sakramenten“ gehören, das heißt, zu jenen physischen Zeichenhandlungen, auf denen der besondere Segen Gottes liegt. Schließlich hat Jesus selbst sie praktiziert und eingesetzt und seine Jünger ausdrücklich zur Wiederholung aufgefordert – ganz ähnlich wie es auch beim Abendmahl der Fall ist: Die Fußwaschung tritt im Johannesevangelium geradezu an die Stelle, an der in den anderen Evangelien das Abendmahl seinen Platz hat:

„Vor dem Osterfeste aber, da Jesus wusste, dass seine Stunde gekommen war, aus dieser Welt zum Vater hinüberzugehen, und er die Seinen in der Welt liebte, so liebte er sie bis zum Ende. Während eines Mahles … steht Jesus vom Mahle auf, legt die Oberkleider ab, nimmt ein linnenes Tuch und bindet es sich um. Hierauf gießt er Wasser in das Waschbecken und beginnt, den Jüngern die Füße zu waschen, und sie mit dem linnenen Tuche, das er sich umgebunden hatte, abzutrocknen. Er kommt nun zu Simon Petrus. Der sagt zu ihm: ‚Herr, du willst mir die Füße waschen?‘ Jesus antwortete und sprach zu ihm: ‚Was ich tue, verstehst du jetzt nicht; du wirst es aber später erkennen.‘ Petrus sagt zu ihm: ‚Du wirst mir die Füße in Ewigkeit nicht waschen!‘ Jesus antwortete ihm: ‚Wenn ich dich nicht wasche, hast keinen Teil an mir.‘ Simon Petrus sagt zu ihm: ‚Herr, nicht nur meine Füße, sondern auch die Hände und das Haupt!‘ Jesus sagt zu ihm: ‚Wer gebadet hat, hat nicht nötig, sich zu waschen, sondern ist ganz rein.‘ … Als er nun ihnen die Füße gewaschen und seine Oberkleider angelegt und sich wieder zu Tisch gelegt hatte, sagte er zu ihnen: ‚Versteht ihr, was ich euch getan habe? Ihr ruft mich ‹Meister› und ‹Herr›, und mit Recht sagt

ihr das, denn ich bin es. Wenn nun ich, der Herr und Meister, euch die Füße gewaschen habe, müsst auch ihr einander die Füße waschen. Denn ich habe euch ein Beispiel gegeben, damit auch ihr tut, wie ich euch getan habe. Wahrlich, wahrlich, ich sage euch: Der Knecht ist nicht größer als sein Herr und der Abgesandte nicht größer als der, der ihn gesandt hat. Wenn ihr das wisst, selig seid ihr, wenn ihr danach handelt.' " (Johannes 13).

Man kann nur vermuten, weshalb sich die Praxis der Fußwaschung nur am Rande der Kirche gehalten hat und nicht zu den regelmäßig geübten Ritualen gehört. Die Berührung der Fußsohlen ist etwas sehr Intimes, denn dort laufen sehr viele Nervenenden zusammen. Von der Fußreflexzonen-Massage her wissen wir, dass jedes Organ des Körpers eine direkte Entsprechung in der „Geographie" der Fußsohlen hat. Etwas Ähnliches scheint Jesus zu meinen, wenn er sagt, dass das Waschen der Füße genügt und den ganzen Menschen rein macht.

Die Verachtung des Leibes, die schon sehr frühzeitig ins Christentum eingedrungen ist, hat vermutlich auch zur Verdrängung der Fußwaschung geführt. Mit der Fußwaschung ist eine wundervolle Möglichkeit eines ganzheitlichen und intimen Segens verloren gegangen. Es lohnt sich, dieses Ritual im geschützten Raum einer therapeutisch-spirituellen Gruppe wiederzubeleben. Ich empfehle, dass dies gemäß dem Auftrag Jesu gegenseitig geschieht und nicht nur vom Gruppenleiter oder einem Priester an „Laien" vollzogen wird. Wie nur derjenige wirklich segnen kann, der sich seinerseits segnen lässt, so verträgt auch die Fußwaschung keine Hierarchie.

Gerade in der Gruppenarbeit mit Schwerstkranken wie etwa Krebs- oder AIDS-Patienten könnte die gemeinsame Erarbeitung und Durchführung eines Fußwaschungsgottesdienstes zu einer segensreichen und heilsamen Erfahrung werden.

Kraftquellen

Schließlich und endlich geht es in der Spiritualität niemals nur um den anderen und die andere, sondern immer auch um mich. Wer einen anspruchsvollen Dienst am Nächsten tut, wie es die Begleitung Sterbender ist, braucht selbst Kraftquellen. Ich verweise in diesem Zusammenhang auf das wunderbare Buch „Alltagsrituale" von Pierre Stutz[2], in dem er zahlreiche „Wege zur inneren Quelle" aufzeigt. Fast alle diese Rituale dienen der Pflege einer persönlichen Spiritualität.

Einige solcher Übungen sind zum Beispiel:

- sich regelmäßig Zeit nehmen, um dem eigenen Atem nachzulauschen;
- täglich aufzuschreiben, was mir gut gelungen ist und was noch zu wenig zur Entfaltung gekommen ist (Tagebuch-Ritual);
- dem Partner/der Partnerin oder vertrautesten Menschen regelmäßig mitzuteilen, was ich an ihm/ihr besonders schätze (Ritual des partnerschaftlichen „Zwiegesprächs" nach Lucas Moeller);
- sich selbst eine Begleiterin oder einen Begleiter oder geistlichen Freund suchen, dem ich mein Herz öffne;

2 Pierre Stutz, Alltagsrituale. Wege zur inneren Quelle. München 2000; ders.; 50 Rituale für die Seele. Hg. von Andreas Baumeister. Freiburg 2001.

- sich jeden Tag 15 oder 30 Minuten zum Lesen, Beten und Meditieren schenken;
- sich einmal im Jahr eine Fasten- oder Schweigewoche gönnen, zum Beispiel in einem Kloster.

Der Umgang mit Ritualen birgt viele Unsicherheiten. Deswegen neigen viele dazu, die Rituale den Profis zu überlassen. Das ist schade. Ich möchte gerade „Laien" ermutigen, sich zu trauen und das einzuüben und zu praktizieren, was ihnen und anderen gut tut. Gute Rituale können dazu beitragen, dass gute Gedanken und Wünsche sich verleiblichen und eine Gestalt bekommen. Es lohnt sich, zu experimentieren und Erfahrungen zu sammeln.

Welche ritualisierten Abläufe begegnen dir in deinem täglichen Leben? Pflegst du selber „höchstpersönliche" heilige Zeichen?
Kennst du das Glück des Gewohnten oder auch das Erschrecken über die Oberflächlichkeit einer Begegnung?
Spürst du in dir den Wunsch oder auch die Kompetenz, bestimmte heilsame Zeichen anderen Menschen weiterzugeben?
Kannst du die „heiligen Zeichen" des anderen erkennen und achten? Oder gar dich darauf einlassen und so verwandelt werden?

Ritual

Die Sonne übt
ihr Ritual
lichtauf lichtab

Wir
unter der Sonne
Faden an Faden
hängen an unserm
Schattendasein

Rose Ausländer

Du stirbst und ich lebe?
An den Grenzen des Lebens leben lernen

Von Peter Frör

Als Hospizmitarbeiter und -mitarbeiterinnen haben wir ganz unterschiedliche Menschen vor Augen, in deren Nähe wir diese Erfahrung gemacht haben: Er oder sie macht sich auf den Weg und geht den Weg aus dieser Welt. Die Körperfunktionen erlöschen. Der Prozess ist nicht mehr aufzuhalten, soll auch nicht mehr aufgehalten werden. Du stirbst. Und ich? Ich lebe. Ich bin noch da. Ich muss damit leben. Ich will damit leben. Ich habe etwas erlebt, was über mein sonstiges Leben hinausreicht. Und jetzt muss ich mich wieder damit zurechtfinden, dass mein Leben weitergeht wie vorher. Und doch nicht mehr wie vorher. Das, was ich erlebt habe, ist jetzt ein Teil meines Lebens geworden. Die Erinnerung, die neue Erfahrung. Die Erschütterung. Die Trauer. Das Gefühl, zu versagen. Die Dankbarkeit. So vieles.

Du stirbst und ich lebe.

Wir sprechen als Hospizmitarbeiter/innen, als Seelsorger/innen oft von Sterbe-Begleitung. Wir tun das oft sehr selbstverständlich und recht unreflektiert. Die folgenden Ausführungen haben einen anderen Akzent: der Unterschied zwischen denen, die dem Sterben unmittelbar entgegengehen, und uns, die wir bleiben, wird betont. Du stirbst und ich lebe. Das hat etwas Befreiendes und Klärendes.

Denn es ist ein gravierender Unterschied: Für dich geht der Weg auf dieser Erde zu Ende. Für mich aber geht er (noch ein Stück, wer weiß wie lange) weiter. Du bist auf deinem Weg weiter als ich es bin. Du bist auf dem Weg, der unser aller Weg ist, der Erfahrenere. Und ich? Ich bin der, der von dir lernen kann. Das ist es, was unsere Beziehung prägt. Du brauchst mich, denn keiner will alleine sterben. Aber genauso brauche ich dich, denn bei dir kann ich mit Dingen des Lebens in Berührung kommen, muss ich mit Dingen des Lebens in Berührung kommen, die ich selbst (noch) nicht kenne.

Was kann ich lernen, wenn du stirbst und ich lebe? Jedenfalls sind es nicht die Dinge, die ich bisher gelernt habe, in der Schule, in der Berufsausbildung, in meinem Alltag. All diese Dinge sind wichtig, weil ich sie zur Lebensbewältigung brauche.

Was kann ich bei dir lernen, der du stirbst? Es ist ein anderes Lernen, das in eine Zone, in einen Bereich führt, der über das, was unser Leben sonst ausmacht, hinausreicht. Es hat mit der Gesamtsicht auf das Leben, mit Würde, mit anderen Prioritäten, mit einer anderen spirituellen Dimension zu tun. Darum soll es im folgenden gehen.

Der amerikanische Psychoanalytiker und Psychotherapeut Irvin D. Yalom erzählt in seinem Buch „Die Reise mit Paula“ von der Begegnung mit einer Frau, die unheilbar an Brustkrebs erkrankt ist und zu ihm in die Praxis kommt.[1] Paula verändert sein Leben. Lange weiß er nicht, warum sie zu ihm kommt. Er versucht, Zugang zu ihr zu finden, wie er es aus seinen Therapien kennt – bis ihm aufgeht, dass

1 Irvin D. Yalom, Die Reise mit Paula. München 2000.

diese Frau bei ihm ist, um ihn etwas zu lehren, von dem sie denkt, dass er es noch nicht weiß, dass er es aber unbedingt wissen muss. Daraus entsteht eine intensive Freundschaft und die Zusammenarbeit beim Aufbau von Gruppen mit Menschen, die bald sterben werden. *„Leben, Tod, Spiritualität, Friede, Transzendenz – das waren die Themen, über die wir diskutierten. Das waren die einzigen Fragen, die Paula am Herzen lagen. Meist sprachen wir über den Tod. Jede Woche trafen wir vier uns und nicht wir zwei in meinem Sprechzimmer: Paula und ich, ihr Tod und meiner. Sie wurde meine Kurtisane des Todes. Sie machte mich mit ihm bekannt, brachte mir bei, wie ich ihn sehen sollte, ja sogar mich mit ihm anzufreunden.*

Sie war nicht mein Vorhaben, sondern ich war ihres, das Objekt ihres geistlichen Amtes. Ich konnte Paula helfen, aber nicht durch Unterstützung, Interpretation oder auch nur Fürsorge oder Treue. Meine Rolle bestand darin ihr zu erlauben, mich zu erziehen" (Yalom 32–33).

Was ist das für ein Leben, dem wir begegnen, wenn die Sterbenden anfangen uns zu lehren oder – wie hier – zu erziehen?

Zunächst ist es ein Aufwachen. Es ist, als würde man zum ersten Mal einem Teil des Lebens begegnen, den man bisher überhaupt nicht wahrgenommen hat. „Die Menschen schlafen, solange sie leben. Erst wenn sie sterben, erwachen sie", heißt es an einer Stelle im Koran. Sterbende, die ihr Erwachen zulassen, nehmen uns mit hinein in eine Welt, in der eine andere Wachheit herrscht, als wir sie sonst kennen.

Das beginnt mit der Umkehrung der gültigen Werte. Was bisher von Bedeutung war, wird nun immer unwichtiger.

Und was bisher zu kurz gekommen ist, wird immer wichtiger. Das geht nicht plötzlich, aber es ist eine eindeutige Richtung. Die sogenannten „irdischen" Dinge wie etwa Erfolg im Beruf, Position und Status, Leistung und Besitz verlieren immer mehr an Bedeutung. Dafür tritt in den Vordergrund alles, was mit den Beziehungen, mit der Wahrheit, mit dem Lebensprozess und der Lebensernte, mit der Lebensbilanz im Guten wie im Schweren zu tun hat. Es ist da ein neuer Zugang zum Vertrauen, zum Glauben, zu den geistlichen Dingen, der alles überstrahlt.

Diejenigen, die bei den Sterbenden in die Lehre gehen, können in ihrer Nähe eine Intensität von Leben, eine Intensität der Gefühle, eine Innigkeit und Nähe in der Beziehung erleben, wie es sie sonst nicht gibt. Die Voraussetzung dafür ist allerdings, dass offen gesprochen werden kann. Dazu später noch ein wenig mehr. Warum arbeiten so viele Menschen gerne und freiwillig als Hospizhelfer/innen und in der Seelsorge mit? Ist es nicht das Wissen, dass die Intensität des dort erfahrenen Lebens den Aufwand an Mühe, Zeit und Kraft nicht nur belohnt, sondern weit übersteigt?

Ich erlebe und lerne bei den Sterbenden, dass ganz normale und alltägliche Dinge eine völlig neue Bedeutung bekommen können. In gesunden Zeiten ist das Foto mit den Kindern im Fotoalbum untergebracht. In der Zeit der Krankheit steht es – immer sichtbar und eingerahmt – auf dem Nachttisch oder Fensterbrett. Wenn das Sterben kommt, sind in diesem einen Bild vielleicht alle Erfahrungen, Freuden, Enttäuschungen, alle nun niemals mehr erlebbaren Jahre eingefangen und präsent.

Ich habe neulich einen Mann besucht, der einige Stunden zuvor gestorben war. Er lag da so friedlich, und die Schwestern der Station hatten ihm in die gefalteten Hände das Foto seiner zwei kleinen Kinder gelegt. So waren die Kinder bei ihm und ein Teil seines Sterbens.

Ich lerne etwas von der Dringlichkeit der Zeit. Es ist nicht mehr viel Zeit. Der Wert dessen, was jetzt ist, was jetzt möglich ist und jetzt gerade geschieht, wird darum um so wichtiger. Ein Blick, ein kurzes Wort, eine Blume, ein Händedruck kann jetzt so viel bedeuten. So verändern sich die Dinge, so verändert sich mit der Zeit alles.

Auch die Grenzen von Raum und Zeit beginnen sich aufzulösen. Was uns Gesunden und Lebenden so selbstverständlich scheint, dass wir kaum darüber nachdenken, dass dieses feste Gefüge von Raum und Zeit – also das Wissen, wo wir sind und nicht sind, und welcher Tag gerade ist, und dass wir morgen den nächsten Tag erwarten – das all das dabei ist, sich aufzulösen. Das macht gleichzeitig Angst und schenkt eine große Befreiung. Wer in die Nähe dieser Grenze der Auflösung kommt, kann davon etwas spüren: Das Reden wird leiser, das Gehen behutsamer. Sonstige Regeln, etwa Besuchszeiten, verlieren ihre Bedeutung. Es ist, als würde mitten im Kranken- oder Sterbezimmer, mitten im alltäglichen Ablauf, ein Raum betreten, in dem etwas Heiliges geschieht, etwas, das unsere sonstigen Grenzen von „profan“ und „heilig“, von „alltäglich“ und „religiös“ aufhebt und transzendiert. Sterbende können uns lehren, dass unser Leben heilig ist und von Heiligem gehalten und umgeben.

So hat jede Begegnung mit einem Sterbenden eine geistliche, eine spirituelle Dimension. Das ist ganz unabhängig davon, ob einer in einem religiös oder kirchlich geprägten Glauben zuhause ist und sich davon getragen weiß. Dieses gibt es ja auch, und auch davon ist zu reden. Aber hier ist gemeint, dass die Situation, dass du gehst und ich davon Zeuge bin, und dass ich bleibe, uns beide in Berührung bringt damit, dass unser Leben über das hinausweist, was wir im Alltag davon wahrnehmen.

Nicht, dass das Sterben ein heiliges Geschehen wäre. Das ist es in der Regel überhaupt nicht. So häufig ist es ein grausamer Einbruch in das Leben, der mit Würde nichts oder nicht viel zu tun hat. Würdiges Sterben gibt es also strenggenommen gar nicht. Sterben ist nichts Würdiges, sondern etwas in den allermeisten Fällen etwas durch und durch Unwürdiges. Vielleicht wird das Unwürdige am Sterben von denen, die ärztliche und pflegerische Verantwortung tragen und wahrnehmen, abgefedert. Das aber ist schon alles. Sie können die Unwürde abfedern, erträglicher machen.

Doch Würde bekommt das Sterben durch die Würde dessen, der stirbt. Und durch die Würde, die diejenigen, die bei ihm sind, ihm geben und ihn spüren lassen. Wenn wir von einem menschenwürdigen Sterben reden, dann sollten wir daran denken, dass wir nicht dem Sterben eine Würde geben, sondern dem Leben des Sterbenden, dem Leben, das er gelebt hat, und dem Leben, das auf ihn wartet, und der Qualität von Leben, auf die wir durch sein Sterben bei uns das Augenmerk richten können. Letztlich gebührt die Würde dem Schöpfer, der das Leben, auch dieses Leben, das vergeht, und mein Leben, das noch ein bisschen andauert, gegeben hat und es auch wieder nehmen kann. Ihm in diesem Augenblick und in diesem ganzen Prozess die Ehre einzuräumen heißt menschenwürdiges Sterben.

Als Hospizmitarbeiter/innen haben wir das, was wir bei Sterbenden tun, für wichtig halten und erleben und lernen können, in anderen Zusammenhängen erfahren. Die intensivsten Erfahrungen haben die gemacht, die selber jemanden verloren haben, der zur Familie, zum engsten Kreis gehört hat. Aber die Intensität eines solchen Verlusts und die notwendige und wichtige Trauer können auch den Blick verstellen und die Wahrnehmung für andere Situationen einschränken. So muss zum eigenen Erleben die Reflexion und Verarbeitung und ein immer wieder neues Üben kommen. Als Seelsorger in einem Klinikum habe ich zusammen mit den anderen Seelsorger/innen die Intensivstationen des Klinikums als mein Lernfeld entdeckt.

Zunächst war die Intensivstation für und alle ein neuer Ort für Seelsorge, ein eigenes Lernfeld, das wir vorgefunden haben, über dessen Bedeutung auch für die Seelsorge in einem Krankenhaus wir uns aber zunächst nicht klar waren. Inzwischen kann ich sagen, dass die Intensivstation uns die beste Möglichkeit bietet, um die Aufgabe zu verstehen, vor die uns sterbende Menschen stellen. Sowohl Ärztinnen und Ärzte also auch Seelsorgerinnen und Seelsorger sind vor diese Aufgabe in einer besonderen Weise gestellt, weil hier die Bedingungen am extremsten sind und so Menschliches und Unmenschliches in gleicher Weise ans Licht tritt. Die Intensivstation ist ein Ort, an dem alle, die dort sind, die Patienten, die Pflegenden, die Ärzte, die Angehörigen, rund um die Uhr hundertprozentig gefordert sind. Es ist ein Leben und Arbeiten an der Grenze sozusagen als Normalfall.

Was heißt Begleitung von Sterbenden auf der Intensivstation? Zunächst einmal: Alle Menschen, die auf der Intensivstation behandelt werden, wären Sterbende oder bereits nicht mehr am Leben, wenn es die Intensivstation nicht gäbe. Die lebensrettenden Operationen könnten ohne die anschließende Überwachung in einem Intensivbett nicht überlebt werden. Die Organtransplantationen, die im Klinikum fast schon Routine sind, könnten nicht überlebt werden und damit gar nicht erst durchgeführt werden, wenn es die Intensivmedizin nicht gäbe. Natürlich sterben auf der Intensivstation Menschen, wohl sogar die meisten im Krankenhaus. Dennoch liegt auf der Intensivstation, auf der ich seit zehn Jahren als Seelsorger zuständig bin und wo es hauptsächlich um Probleme der Lunge und der Atmung geht, die Überlebensrate inzwischen bei 95 Prozent. Das heißt, dass zumindest 95 Prozent der behandelten Patienten diese Station wieder verlassen können (es bedeutet nicht, dass sie überleben werden, aber dass sie wenigstens für eine Zeit keine maschinelle Beatmung mehr brauchen).

Das heißt, dass es jetzt möglich ist, diese Menschen zu befragen, mit ihnen in Beziehung zu treten und herauszufinden, was sie in diesen Zuständen erleben, die wir inzwischen „außergewöhnliche Bewusstseinszustände" nennen, von der Sedierung durch Narkotika über komatöse Zustände bis zu den Zuständen beim und nach dem

Wachwerden. Das Ärzteteam auf dieser Station hat deshalb vor einiger Zeit mit einer intensiven Forschung begonnen, indem Patienten nach ihrer Intensivbehandlung zu ihrem Erleben und Erinnern in dieser Zeit und zu ihrer jetzigen Lebensqualität nach dieser Behandlung befragt wurden und werden. Die Ergebnisse sind aufregend und erstaunlich, und sie decken sich in vielerlei Hinsicht mit konkreten Erzählungen und Erfahrungen aus der Seelsorge.

So stellt sich heraus, dass Menschen, die sediert oder in komatösen Zuständen sind, sich nicht etwa an nichts erinnern, sondern dass, je mehr man sich für das interessiert, was sie erlebt haben, umso mehr ans Licht kommt, was sie konkret mitbekommen haben. Und zwar nicht im Wachbewusstsein, sondern in der Art und Weise, wie es diesem Bewusstseinszustand entspricht, den wir als Gesunde nicht kennen.

So wurde zum Beispiel deutlich, dass das Aufwachen aus dem Koma mit schrecklichen Albträumen einhergeht. Einen dieser Träume möchte ich als einen von vielen schildern, weil er besonders eindrucksvoll ist: Der Patient war an beiden Lungenflügeln transplantiert und wochenlang nicht bei Bewusstsein gewesen. Diesen Traum hat er mir bei einem Besuch auf ein Blatt Papier geschrieben, mit zittriger und schwacher Hand, weil er noch beatmet war. Er schrieb:

„Sie haben mich hier nackt auf ein Brett gefesselt und in den Schnee hinausgelegt. Und dann sind die wilden Tiere gekommen und haben versucht, mich zu zerfleischen. Es war wie bei den alten Christen in Rom. Wenn mein Hund Laura nicht gekommen wäre, wäre es mit mir aus gewesen. Ich habe dann zu Gott gebetet, und ich glaube, es hat geholfen. Ich bin

seit meinem 14. Lebensjahr nicht mehr in der Kirche gewesen. Ich bin sonst eher buddhistisch orientiert."

Seitdem laufen Gespräche mit dem Ärzteteam der Station über das parallel laufende Forschungsprojekt „Lebensqualität nach Intensivbehandlung". Das sind dann Diskussion über Erfahrungen in dieser Zeit mit Angst, Ausgeliefertsein, Kälte, Hitze, Alpträumen. Wir diskutieren über Zusammenhänge mit archaischen Überlieferungen wie Mythen, Märchen, alttestamentlichen Psalmen.

Ein weiteres Beispiel. Der Oberarzt der Station hat mir vor einiger Zeit von Herrn H. berichtet, der ebenfalls wochenlang nach einer sehr schweren Operation im Koma lag und – so die Auskunft – diese Behandlung hätte eigentlich nicht überleben können – und der dann sehr mühsam und mit schweren Zeichen von Verwirrtheit wieder aufgewacht ist. Als er dann wach, aber immer noch hochgradig aufgewühlt und unruhig war, hat sich einer der Assistenzärzte Zeit genommen, hat sich ans Bett gesetzt und Herrn H. ausführlich über den Verlauf seiner Behandlung hier aufgeklärt, angefangen von der OP über die dann folgenden Maßnahmen, die Komplikationen bis zum jetzigen Zustand. Herr H. hat sich alles bis zum Ende angehört und dann gefragt: „Und woran bin ich dann gestorben?" Der Assistenzarzt hatte vergessen, ihm das Wichtigste zu sagen, nämlich dass er unter den Lebenden und hier auf dieser Erde ist.

Es stellt sich also als Aufgabe heraus, sich mit den Bewusstseinszuständen zu befassen, in denen Menschen an dieser Grenze sind, und mit ihnen in dieser Situation Kontakt aufzunehmen und zu kommunizieren.

Ich möchte deshalb davon berichten, was uns in der Seelsorge geholfen hat, dieser Aufgabe nachzukommen, weil ich es für einen konkreten Fortschritt auf dem Weg halte, Sterbenden beizustehen, auf der Intensivstation oder auch außerhalb. Schon länger haben wir als Seelsorger/innen gewusst, dass es – wie wir es sagen – vier Ebenen gibt, um mit einem Menschen zu kommunizieren:

1. Die körperliche oder Sachebene

Hier frage ich und richte mein Augenmerk darauf, was los ist, was Sache ist, welche Situation ich vorfinde. Dies ist das Erste, und dies ist in der Seelsorge der Kirche oft vernachlässigt worden, weil man sich zu schnell mit den Gefühlen befasst hat. Mir ein Bild von der Situation dieses Menschen machen und meine Wahrnehmung darauf zu richten, und dem anderen mitteilen, was ich wahrnehme, das kann ich auch am Bett eines Menschen, der nicht bei Bewusstsein ist.

Sie verstehen, dass dies nicht dasselbe ist wie der Blick des Arztes bei einer Untersuchung oder der Anamnese. Insofern wäre es spannend, die Frage zu diskutieren, worin die Aufgabe des Arztes, worin die Aufgabe des Seelsorgers liegt, und inwieweit sie sich unterscheiden.

2. Die Person- oder Ich-Ebene

Jetzt interessiere ich mich dafür, wie es diesem Menschen geht, wie es innen in ihm aussieht, was er fühlt, wie es mit seinem Lebenswillen und seiner Motivation bestellt ist, wie er sich selbst in seiner Situation sieht. In der Regel kann ich das nicht von außen sehen. Der Normalfall ist, dass ein

Mensch mir davon erzählen, etwas davon mitteilen muss. Deswegen sind Seelsorger solche, die als erstes die Kunst des Zuhörens lernen müssen. Aber auch auf der Intensivstation kann ich einem Menschen sagen, dass ich da bin, weil es mich interessiert, wie es innen in ihm aussieht. Ich finde das sehr wichtig, obwohl ich es nicht wissen und er mir das (noch) nicht sagen kann. Die Behandlung, die er hier erfährt, ist nämlich nur die eine Seite – und die andere, vielleicht viel wichtigere, ist die, wie er selbst zu dem eingestellt ist, was hier mit ihm geschieht.

3. *Die Beziehungsebene*

Jetzt richtet sich der Blick auf diejenigen, die mit dem Kranken oder Sterbenden in einer wichtigen Beziehung sind. Wer sind sie? Sind sie da und sorgen sich um den Kranken, oder sind sie abwesend? Seelsorge auf der Intensivstation und dann auch bei Sterbenden bezieht immer die Angehörigen mit ein. Sie sind es, auf die dieser Mensch jetzt bauen und auf die er sich verlassen kann. Ich habe die Erfahrung gemacht, dass jeder Sterbende sich einen Menschen „aussucht", den er zu seinem Sterbebegleiter wählt. Das ist zugleich eine große Entlastung für Seelsorger und Ärzte, zu wissen, wer dieser Sterbebegleiter ist. Es bedeutet nämlich, dass ich es nicht selbst sein muss, und dass ich mich deshalb guten Gewissens auf die Aufgaben konzentrieren kann, die meine sind. Allerdings habe ich auch gelernt, dass ich mich nicht davor drücken darf, selbst in eine Beziehung zu diesem Menschen zu treten, so schwer das auch manchmal ist. Sonst kann ich ihm keine Hilfe sein. Ich habe auch die Erfahrung gemacht, dass ein

Mensch eine solche lebensbedrohliche, grenzwertige Situation, in der sein Leben und Sterben auf dem Spiel steht, nicht überleben wird, wenn es nicht wenigstens einen Menschen auf dieser Welt gibt, dem daran gelegen ist, dass es diesen Menschen gibt und dass er zurückkommt beziehungsweise da bleibt.

4. Die geistliche, spirituelle Ebene

Von ihr war vorhin schon die Rede. Nur wenn ich sie einbeziehe, werde ich der Situation gerecht. Aber wie kann das geschehen? Wie kann ich dem Gestalt geben? Drauf möchte ich im Folgenden eingehen.

Wir haben vorhin schon festgestellt, dass dieses Geschehen – „du stirbst und ich lebe“ – für beide von uns auf unterschiedliche Weise eine Begegnung mit dem Tod bedeutet. Wir können erst wieder zusammenkommen, wenn wir uns dem Schrecken stellen, der damit verbunden ist und verbunden bleibt. Sie kennen vielleicht die Stelle im Evangelium, als Jesus mit seinen Jüngern darüber zu reden anfängt, was ihn in Jerusalem alles erwarten wird: Sie werden ihn gefangen nehmen, ihm den Prozess machen, ihn verurteilen, ihn foltern und schließlich hinrichten. Jesus redet ganz offen davon. Spannend ist, wie jetzt die Jünger reagieren. Petrus, der oft ihr Sprecher ist, sagt spontan: „Herr, das geschehe dir nur ja nicht!“ Das ist der Schrecken. Und Jesus sagt ihm nicht, dass er diesen Schrecken nicht haben soll oder darf, weil das Sterben so schlimm gar nicht sei. Er sagt vielmehr: „Gehe weg von mir, Satan! Du bist mir ein Ärgernis, denn du meinst nicht, was göttlich, sondern was menschlich ist.“ Auf deutsch: Der Schrecken gehört dazu, und wenn du ihm ausweichen willst, dann wirst du dem, was hier wirklich geschieht, nicht gerecht. Und, was noch schlimmer ist: du kannst mir so keine Hilfe sein. Du verstehst das Göttliche daran nicht. Der Schrecken hat viele Gesichter. Die bekanntesten sind das Schweigen, das Erstarren, die Lähmung und die Isolation. Von ihr, der Isolation, will ich sprechen, weil sie das Tor ist, durch das der Weg zu den Sterbenden führt. Irvin Yalom schreibt in der „Geschichte mit Paula“ (S. 32):

„Mehr als den Tod fürchtet man die vollkommene Isolation, die ihn begleitet. Wir bemühen uns, zu zweit durch´s Leben zu gehen, aber jeder von uns muss allein sterben. Niemand kann unseren Tod mit uns oder für uns sterben. Dass die Lebenden den Sterbenden ausweichen, kündigt die endgültige absolute Verlassenheit an.

Paula lehrte mich, wie die Isolation der Sterbenden sich in zwei Richtungen auswirkt. Die Patientin schneidet die Verbindung zu den Lebenden ab, da sie Familienangehörige und Freunde nicht in ihr Entsetzen hineinziehen will, indem sie ihre Ängste oder makabren Gedanken preisgibt. Und Freunde ziehen sich zurück, da sie sich hilflos und unbeholfen fühlen und nicht wissen, was sie sagen oder tun sollen und überdies davor zurückschrecken, einen ausführlichen Vorgeschmack auf ihren eigenen Tod zu erhalten.“

An dieser Grenze des Lebens, in der es darum geht, dass die Welt des Normalen, der Bedingtheiten, der Kontrolle über mich selbst verlassen wird, stoße ich an etwas, was ich als „spirituelle Schwelle“ bezeichnen will. Der Sturz aus der normalen Wirklichkeit, den ein sterbender Mensch erlebt und immer wieder neu erlebt, fordert mich heraus, wenn ich mich nicht gleich abwenden und wegschauen will, mich dieser Krise zu stellen. „Krise“, das heißt auf deutsch ja auch Unterscheidung, Entscheidung. Beide Male steckt das Wort Scheidung darin. Diese Situation scheidet uns, und um diese Scheidung nicht endgültig sein zu lassen, ist von mir ein Schritt erforderlich, der mit Mut zu tun hat, mit Vertrauen und eigener innerer Wachheit und Bereitschaft, diesen Schritt in die Welt des Sterbenden mit hineinzugehen.

Die Angst ist ja, dass ich jenseits dieser Schwelle selbst vom Entsetzen, der Einsamkeit und der Lähmung ergriffen werde. Die Wahrheit ist jedoch, dass jenseits dieser Schwelle nicht Nichts ist, auch nicht bloßes Entsetzen, sondern etwas anderes, ein andersgeartetes Leben.

Es ist oben schon angeklungen, was die Kennzeichen dieses Lebens jenseits der Grenze sind. Das heißt, dass ich eine Art grenzgängerische Haltung einnehme, die sich dieser Grenze vorsichtig annähert. Dass ich meine Sicherheiten, mein Wissen und Können zunächst einmal einfach zur Disposition stelle, da sie mir in dieser Situation wenig nützen. Dafür sind meine Fähigkeiten gefragt, in Kontakt zu treten, wahrzunehmen – auch die kleinen Zeichen –, einen anderen einzubeziehen in das, was ich sage und tue, eindeutig zu sein. Es ist meine Fähigkeit gefragt, dem Wichtigen den Vorrang zu geben und auch darin eindeutig zu sein. Und schließlich: die Fähigkeit, ein Angebot zu machen, das heißt aus der alltäglichen Haltung herauszugehen, dass der andere am besten weiß, was für ihn gut ist. Das bedeutet ein Risiko, aber es ist besser, Fehler zu machen, als gar nichts zu tun. Und es bedeutet den Mut, mich dem geistlichen Charakter dieses Geschehens zu stellen, ja sogar noch mehr, dieses Geschehen geistlich zu gestalten. Drei Schritte, wie dies Wirklichkeit werden kann, möchte ich dabei unterscheiden.

1. Einen Sterbenden begleiten

Ich habe am Anfang schon den Begriff „Sterbebegleitung" problematisiert. Es ist ja damit eher ein Hingehen und Mitgehen gemeint, so gut ich kann. Wie sollten die Jünger Jesu ihren Meister zum Sterben begleiten? Sie sollten einfach mitgehen. Sie sollten mit ihm wachen und beten im Garten Gethsemane, als er Blut und Wasser geschwitzt hat aus Angst und gebeten, dass dieser Kelch an ihm vorübergehen sollte. Wir wissen, dass sie nicht einmal dies gemacht haben, sondern die Situation verschlafen haben. Nachher sind sie alle weggelaufen. Nur die Frauen sind dageblieben, aus der Ferne, wie es heißt. Sie waren es, die Jesus zum Sterben begleitet haben.

2. Die Situation deuten

Es sind die Symbole des Lebens, die Geschichten, Erinnerungen und Lieder, die Traumbilder und Fragen, die es ermöglichen, die Situation zu deuten. Deuten ist nicht Interpretieren, und es geht über das Verstehen und Mitgehen hinaus. Es ist das Wagnis, mitten in der Sinnlosigkeit einen Sinn zu suchen.

Der Priester, der Paulas Seelsorger war, so schreibt Irvin Yalom, half ihr, ihren Weg aus dem Garten Gethsemane zu finden (S. 33): *Ihr Krebs ist Ihr Kreuz*, sagte er ihr. *Ihr Leiden ist ihr geistliches Amt*. Yalom schreibt: *„Diese Formulie-*

rung, jene göttliche Erleuchtung, wie Paula es nannte, veränderte alles."

Sterbende wollen Übersetzungshilfe, um zu verstehen, was mit ihnen geschieht. Manchmal genügt es, ihnen zu sagen, dass sie und ihr Leben gesegnet war und gesegnet bleibt, was immer geschieht. Das ist bereits eine Deutung, die tief greift. Sie bringt das Unverständliche, was jetzt geschieht, in den großen Zusammenhang des Lebens und seines Grundes.

Die alte christliche Gemeinde hat den Tod Jesu ebenfalls gedeutet in einem langen Prozess der Trauer und des Nachdenkens: „Musste nicht Christus solches leiden, um in seine Herrlichkeit einzugehen?" Das ist eine Deutung, die gegenüber dem Sinnlosen den großen Zusammenhang sieht.

Oft genügt es, sich einfach der Deutung anzuschließen, die der oder die Sterbende selbst gibt, sie gelten zu lassen und zu ehren: „Die Hauptsache ist, dass es meine Kinder gut haben." Das ist eine Deutung. Ich brauche ihr nichts hinzuzufügen.

Und wenn gar nichts gesagt wird? Dann brauche ich die Weisheit, um warten zu können, bis sie sich einstellt. Nichts ist schlimmer als eine Deutung, die nicht stimmt, sondern nur mir den Druck nehmen soll.

3. *Den Übergang gestalten*

Ich sagte schon: Im Sterben löst sich alles auf. Auch Raum und Zeit. Deshalb ist es notwendig, dem, was sich auflöst, eine Gestalt zu geben. Es ist wichtig, dass Raum und Zeit gestaltet werden. Das bedeutet, dafür Sorge zu tragen, dass das Wichtige Platz bekommt und das Unwichtige zurücktritt. In der Leidensgeschichte Jesu war es Jesus selbst, der seinen Abschied gestaltet hat: Im Abendmahl mit seinen Jüngern hat er dem Ritual seines Volkes, dem Paschamahl, einen neuen Sinn gegeben und es auf seinen bevorstehenden Tod hin gedeutet. Damit hat er auch einen Weg gezeigt, wie die traditionellen Quellen des Glaubens reich sind an Möglichkeiten, die es zu füllen oder wieder neu zu füllen gilt: Lesen, Beten, Segnen, Salben, Erinnern an die Zeichen des Lebens: Wasser und Licht.

Das soll genügen. Es wurde deutlich, dass leben lernen an der Grenze des Lebens etwas damit zu tun hat, was Sterbende uns lehren können. Es hat auch damit etwas zu tun, dem Geheimnis von Karfreitag und Ostern immer wieder neu und in anderer Gestalt zu begegnen. Es hat etwas damit zu tun, die göttliche Welt nicht aus dem Leben draußen zu halten, sondern sie mit einzubeziehen. Es hat etwas damit zu tun, fähig zu werden, der letzten Herausforderung, die es zu bestehen gilt, gewachsen zu sein, und damit schon jetzt anzufangen.

Letztlich können uns die Sterbenden lehren, dass es möglich ist, schon in dieser todumfangenen Welt damit anzufangen, den Tod zu überwinden und ihm seine Macht streitig zu machen im Dienst des Lebens. Wie unser Glaube sagt: dass wir schon jetzt, mitten im Tod, an dem Leben Anteil haben, das jenseits des Todes auf uns wartet.

Welche Dringlichkeiten deines Lebens würdest du angesichts des nahen Todes verändern oder zurückstellen?
Auf welche Menschen kannst du bauen? Bei wem findest du Heimat und Geborgenheit wie ein Baum, der seine Wurzeln fest in der Erde verankern kann?
Bist du in der Begegnung mit Menschen in Not eindeutig?
Bist du bereit, das Wagnis einer Beziehung einzugehen?

Bruchteil

Wenn ich
ich sage
meine ich auch
dich
ohne den ich nicht
singen könnte
meine Trauer
die auch Freude ist
an unserem Zusammenspiel

Bruchteil
meines bestürzenden
Überlebens

Rose Ausländer

Der Mensch ist mehr als nur Patient
Fachlichkeit und Spiritualität
Von Elke Eilert

Fachlichkeit und Spiritualität gehören als zwei Pole zu meiner Arbeit als Klinikseelsorgerin – meine Annäherung an sie beginnt mit einer Betrachtung meines eigenen Weges, der zu dieser Arbeit geführt hat. Ich will erzählen, wie ich Pfarrerin wurde, und welche Rolle dabei die Wissenschaft der Theologie – und damit Stichwort: Fachlichkeit, Professionalität – und mein persönlicher Glaube – mit dem Stichwort: Spiritualität – spielte. Der Anlass, Theologie zu studieren, waren für mich Zweifel und Fragen, wie ich angesichts des Leids in der Welt an einen barmherzigen Gott glauben könne. Als Jugendliche war ich in den 70er Jahren sehr engagiert bei der evangelischen Jugend; das Leiden in der sogenannten Dritten Welt stand damals im Zentrum unserer Aktivität: El Salvador, Nicaragua, die Apartheid in Sudafrika stehen für die Fragen, die uns beschäftigten. Im Rahmen einer Schwesternhelferinnen-Ausbildung hatte ich meine ersten Begegnungen mit schwerkranken und sterbenden Menschen. Mein persönliches Nachdenken über Gott kommt aus dem angefochtenen Glauben.

So begann ich mit dem Studium der Theologie. Es machte mich vertraut mit systematischem Denken, historisch-kritischer Bibelwissenschaft, Dogmen- und Kirchengeschichte. In der Fülle des bereits Vorgedachten fand ich viele Versuche, auf die zweifelnden Fragen, die meinen Glauben mitprägen, zu antworten. Nun hat die geistige Auseinandersetzung mit der sogenannten Theodizee-

Frage, dem Versuch, Gottes Gerechtigkeit zu verteidigen, zwar keine Antwort auf meine Frage nach Gottes Barmherzigkeit und dem Leid in der Welt zutage gefördert. Sie hat mir aber geholfen, zu erkennen, dass mein Glaube nicht nur den Pol des Angefochtenseins, sondern auch den Pol des Vertrauens kennt. Zwischen diesen Polen bewege ich mich. Theologisches Denken ist eine Art Steigbügel für meinen Glauben. Es hilft mir, größere Klarheit zu gewinnen über das, was ich glaube, und macht mich fähig, darüber mit anderen zu sprechen. Es hilft mir aber nur bedingt, weiter zu glauben. Glauben hat mit Einübung zu tun. Je älter ich werde, desto wichtiger werden mir tägliche Zeiten von Stille und Gebet. –

Nach dem Studium war ich Pfarrerin in einer Gemeinde. Dabei habe ich entdeckt, dass die Seelsorge – ob am Krankenbett oder bei Hausbesuchen – für mich der lebendigste und faszinierendste Teil des pastoralen Dienstes ist. Ich war deswegen sehr froh, vor acht Jahren als Pfarrerin ganz in die Krankenhausseelsorge zu gehen. Seelsorge pur… was für ein Glück!

Professionalität/ Fachlichkeit

Professionalität bezeichnet bestimmte berufliche Verhaltensstandards, die einem Rolleninhaber qua Rolle zugeschrieben werden, auf die er/sie sich in Konfliktfällen berufen kann. Eine wesentliche Funktion solcher Standards besteht darin, dass sie Verhaltenssicherheit anbieten und davon entlasten, die Rolle jederzeit mit subjektiver Motivation auszufüllen.[1]

1 Michael Klessmann, Seelsorge in der Institution „Krankenhaus“, in: ders. (Hg), Handbuch der Krankenhausseelsorge. Göttingen 1996, S.21.

Zur Professionalität eines Krankenhauspfarrers, einer Klinikseelsorgerin gehört vielerlei: Er/sie ist Repräsentant/in der Kirche, Symbol für das Transzendente. Er/sie ist Priester/in – das wird deutlich in Gottesdienst und Abendmahlsfeiern, im Beten und Segnen. Doch ist die religiös-priesterliche Dimension nur eine Facette des Seelsorgedienstes: Seelsorgerinnen und Seelsorger verstehen sich als Begleiter/innen in Glaubens- und Lebensfragen. Vielen Kollegen und Kolleginnen ist bewusst, dass diese Begleitung oft beratende und therapeutische Aspekte hat, und sie haben sich besondere Sachkompetenz erworben durch umfängliche Ausbildungen in Seelsorge und Therapie.

Doch sind für einen Seelsorger weder seine Qualifikation als Pfarrer noch seine Abschlüsse in irgendwelchen psychotherapeutischen oder pastoralpsychologischen Ausbildungen alles. *„Die wünschenswerte und notwendige Professionalität der Seelsorge im Krankenhaus gerät jedoch in Konflikt mit dem unter Seelsorgerinnen hoch geschätzten Postulat der Betroffenheit" (Michael Klessmann).*

Das heißt: Eine Besonderheit der Seelsorge ist die unmittelbare, direkte emotionale Begegnung und nicht etwa „affektive Neutralität", die anderen im Medizinbetrieb Tätigen mehr oder weniger hilft, ihre Arbeit zu bewältigen. Seelsorge heißt direkte Begegnung, bedeutet, sich zu öffnen, sich anrühren zu lassen, sich verletzlich zu machen. Wer dies tagaus, tagein tut, kommt notgedrungen an eine Grenze und ist heilfroh um die Sicherheiten, die Professionalität – wie oben genannt im Sinne bestimmter beruflicher Verhaltensstandards – mit sich bringt. Um auf Dauer funktionsfähig zu bleiben, müssen Seelsorger/innen zu einer Balance zwischen Professionalität und persönlicher Betroffenheit finden, um sich nicht zu verlieren.

Heil und Heilung

„Heil" ist für mich ein großes Wort. Ich denke an theologische Kernaussagen. Neutestamentlich ist Heil die Rettung von Krankheit, Feinden, Tod und ewigem Verderben (Römer 5,9). Jesus Christus ist der Retter. Durch seinen Weg ans Kreuz hat er bereits alles getan, was wir Menschen zu unserer Rettung brauchen. Sie geschieht nicht durch menschliches Handeln, sondern durch Gottes Gnade. Der Mensch ist gerechtfertigt vor Gott und empfängt das Heil „allein aus Glauben".

Wieso gibt es dann noch Gewalt und Hass, Leid und Tod? Martin Luther gebraucht für den Menschen die Formel, er sei „simul iustus et peccator", gerecht und Sünder zugleich. Der Mensch ist beides: ganz gerecht in Christus und zugleich ganz ungerecht und Sünder. Dieses „zugleich Sünder und gerecht" ist ein Ausdruck dafür, dass zum Heil des Menschen noch etwas aussteht. Darauf richtet sich die christliche Hoffnung: auf die Wiederkunft Christi am Ende von Raum und Zeit, auf die Ewigkeit.

Diese theologischen Kernaussagen sind mir auf der Ebene der Patientenkontakte hilfreich, weil in ihnen klar wird: Heil ist nicht identisch mit Gesundheit. „Heil sein" hat etwas zu tun mit „in Gott sein". Krankheiten, Schmerzen und Schwäche gehören unausweichlich zu unserer vorläufigen unvollkommenen Existenz. Sie müssen bewältigt werden – das heißt einerseits bekämpft und andererseits angenommen.

In einem kleinen Buch haben Anselm Grün und sein Ordensbruder Meinrad Dufner über Spiritualität, Gesundheit und Krankheit nachgedacht.

„Oft bleibt uns nichts anderes übrig, als uns mit der Krankheit auszusöhnen und sie als Erinnerungsmal für Gott und für unser Angewiesensein auf Gott anzunehmen. Dann ist Krankheit eine Chance, in die eigene Tiefe hinabzusteigen, zu dem Ort in uns, in dem Gott selbst in uns wohnt, zu dem weder psychische noch körperliche Krankheiten Zutritt haben. An diesem Ort ist schon alles heil. Mitten in unserem kranken Leib, ja auch mitten in unserer kranken Seele wohnt Gott. Das macht unsere Würde aus."[2]

Es gibt diese Momente, in denen ein Mensch sich heil erlebt mitten in Krankheit und Sterben. Ich denke: Jeder von uns hat das bereits einmal erfahren. Vielleicht kann nicht jeder Mensch dazu „Gott" sagen; vielleicht sagt manche eher: „da hatte ich Frieden" oder „ich fühlte mich getragen."

Diese Art des Heilseins ist aber nicht durch seelsorgerliches oder ärztliches Handeln machbar, sondern ein Weg, den jeder für sich gehen muss. Wir wissen aber: Aufmerksamkeit und Anteilnahme, Gebet und Zuspruch können Menschen auf ihrem Weg unterstützen.

2 Meinrad Dufner/Anselm Grün, Gesundheit als geistliche Aufgabe, Münsterschwarzach 2001, S. 35.

Seelsorgerliches Handeln an Schwerkranken und Sterbenden

Ich gerate als Klinikseelsorgerin meistens durch Zufall in die Nähe schwerkranker Patienten; Hinweise von Schwestern, Ärzten und Angehörigen sind eher selten. Oft bin ich völlig im unklaren, mit wem ich es zu tun habe. Wenn ich mich als Pfarrerin vorstelle, ergeben sich vielgestaltige Bezüge. Mitunter trete ich durch einen zufälligen Kontakt in eine längere Begleitung bis hin zum Tod ein, ohne es zu ahnen.

Ich will drei Fallbeispiele erzählen, die meine Arbeit verdeutlichen sollen. Welche Rolle fachlich-professionelle, spirituelle und heilende Aspekte spielen und wie sie ineinander wirken, mögen die Beispiele selbst anschaulich machen.

„Beten Sie mit mir!"

Ich trete an ein Bett und stelle mich wie üblich vor. Die Patientin sagt, ohne meinen Gruß zu erwidern: „Beten Sie mit mir!" Reichlich verblüfft antworte ich: „Das tue ich gern; allerdings kann ich es besser, wenn ich Sie noch ein bisschen kennen gelernt habe." Ich erfahre, weshalb die Patientin im Krankenhaus ist: radikale Gewichtsabnahme, Diagnose Krebs bei unbekanntem Primärtumor. Weiter höre ich: Die Frau lebt allein, zurückgezogen, ohne Freunde und Bekannte. Aus der Kirche ist sie seit langem ausgetreten. Der Schock der Diagnose sitzt ihr in den Knochen. Wie soll es weitergehen? Sie ist bereits erheblich schwach. Ich höre zu, ich folge ihren Gedanken und bin dabei, wie aus ihren Erzählungen ein Lebenspanorama entsteht. Einsamkeit und Rückzug prägen dieses Bild.

Ich würdige ihr Leben durch Aufmerksamkeit und Anteilnahme, so fremd es mir ist. Lange hat sie Gott aus ihrem Leben herausgelassen, jetzt fängt sie an, neu zu fragen. Jetzt bin ich für sie da mit einem Gebet. Die Patientin geht nach Hause, kommt noch zwei, drei Mal für die Chemotherapie ins Krankenhaus; sie wird immer schwächer. Ich nehme wahr, dass die Frau in ihrer zunehmenden Schwäche neue Erfahrungen mit ihren Mitmenschen macht. Sie, die sich aus Enttäuschung und Misstrauen von allen Menschen ferngehalten hatte, erlebt, wie die Nachbarn ihr von sich aus Hilfe anbieten. Sie erzählt mir davon mit Dankbarkeit und Verwunderung. Ihr Tod kommt schnell, es ist ein rasches Verlöschen, allein in einem Einzelzimmer.

Ich will hier nicht schönreden: „Heil" erscheint mir für dieses Leben eine zu großartige Vokabel. Doch es hat sich auf seiner letzten Strecke etwas geändert. Türen, die fest verschlossen waren, gingen auf. Sie erfuhr Anteilnahme und konnte sich daran freuen – vielleicht ein kleines, winziges Quentchen Heil. Hatte das Beten geholfen? Hatte die begleitete Schau auf ihr Leben Veränderung möglich gemacht? War die Gegenwart der Seelsorgerin Grund und Anlass zur zaghaften Öffnung? Wer weiß? Der Ertrag seelsorgerlichen Handelns ist haarfein, nicht messbar, bruchstückhaft.

„Von da an ging's bergauf!"

Vergangenes Jahr wurde ich an das Bett einer Bestrahlungspatientin gerufen, die an einer weit fortgeschrittenen Krebserkrankung litt. Die Patientin lag in einem Gitterbett, sie hatte Mühe zu sprechen. Familienangehörige standen am Bett und halfen mit ihren Erzählungen, damit ich mir ein Bild von der Situation machen konnte. Die ganze Familie war erst seit einigen Jahren in Deutschland heimisch. Sie kamen aus Siebenbürgen. Ich bot ein Krankenabendmahl an, in der Annahme, dass kirchliche Traditionen im Leben der etwa 60-jährigen Patientin eine größere Rolle gespielt haben. Die Patientin nahm im Rollstuhl im Kreis der Angehörigen am heiligen Mahl teil. Im Zusammenhang mit dem Abendmahl legte ich der Kranken die Hand auf und segnete sie: „Möge Gottes heilende Kraft durch dich fließen, dich reinigen, stärken, heilen, dich erfüllen mit Licht, Liebe und Wärme, dich schützen und führen auf deinem Weg. Wir danken Gott, dass das geschieht. So segne dich der dreieinige Gott, der Vater, der Sohn und der Heilige Geist." – In der Woche darauf wurde die Bestrahlungsbehandlung der Patientin fortgesetzt. Ich besuchte sie noch einige Male. Von Tag zu Tag wurde ihr Zustand besser. Ich konnte sie mittlerweile gut verstehen. Vor ihrer Entlassung aus dem Krankenhaus ging sie nach dem Besuch mit mir den Gang hinunter, Richtung Treppenhaus. Sie war mir wegen des Abendmahls sehr dankbar und äußerte die Überzeugung: „Von da an ging's bergauf. Das hat mir geholfen."

War es der Glaube, der ihr half? War es die Bestrahlung, die ihren Zustand besserte? War es das Sakrament oder der Krankensegen, der sie wieder in die Höhe brachte? Ich weiß es nicht. Ich traue Glauben, Segen und Sakrament heilsame Wirkung zu. Ich weiß aber, dass ich sie nicht verabreichen kann wie Aspirin oder ein Durogesic-Pflaster.

„Die wollen mich hier umbringen"

Ich trete an ein Intensivbett, und eine relativ junge Frau, angekabelt und infusioniert an Armen und Beinen, klammert sich an mich: „Helfen Sie mir! Die wollen mich hier umbringen." Ich rede ruhig auf sie ein. Ich sage unter anderem: „So, wie es jetzt um Sie steht, wird es nicht bleiben." Ich habe keine Ahnung, was der Frau fehlt; ich versuche, nicht zu viel und nicht zu wenig zu sagen. Tage später bin ich wieder bei ihr. Sie sagt: „Dieser Satz, dass es nicht so bleibt, wie es ist, hat mir durch die verwirrte Zeit nach der Operation geholfen!" Sie braucht viel Zeit, bis sie nach diesem Eingriff wieder zu Kräften kommt. Ich mache etliche Besuche, und wir kommen uns beide sehr nahe. Unsere Lebenssituation ist ähnlich: beide sind wir verheiratet, haben Beruf und Kind und teilen eine Vorliebe für gewisse Kinderbücher. Ich erlebe über mehr als ein Jahr den Wechsel ihres Zustandes von Besserung und Verschlimmerung.

Zwischen den Krankenhausaufenthalten telefonieren wir gelegentlich. Die Grundfrage, die immer wieder anklingt, ist: Soll das alles gewesen sein? So viele versagte Möglichkeiten, soviel Trauer, manche Bitterkeit! Als sie das letzte Mal ins Krankenhaus kommt, ist sie ganz gelb und spitz im Gesicht. Hat bei früheren Besuchen das Gespräch das Sterben da und dort noch flüchtig und ahnungsvoll berührt, so machen ihre Bemerkungen jetzt deutlich einen Bogen darum: „Wenn's nur bald wieder aufwärts geht! Seh' ich nicht schon besser aus?" – „Fühlen Sie sich besser?" – „Ach, es geht" – und schon ist sie bei einem anderen Thema. Irgendwann sagt sie auch: „Wenn ich bedenke, was ich in meinem Leben alles zuwege gebracht habe!“ Einen Moment lang scheint sie ihrem Leben Anerkennung zu zollen. Trotzdem überwiegt der Eindruck, dass das Leben ihr unvollendet und widerwillig aus der Hand genommen wird. Der evangelische Ehemann wünscht sich eine ökumenische Beerdigung seiner Frau und bittet mich um die Traueransprache.

So kann die Begleitung auf den Tod aussehen:
Viel Nähe und Aushalten von Bitterkeit, wenig Worte über den Glauben, mein eigenes Beten und kaum ein Gebet am Krankenbett. Auch das ist Seelsorge. Sie fängt dort an, wo die Menschen gerade sind. So kann es sein, dass die spirituelle Dimension im Gespräch nicht auftaucht. Nur in der Zuwendung und Freundlichkeit der Seelsorgerin scheint etwas von Gott auf, der keinen aus seiner Hand fallen lässt.

Könntest du Krankheiten und andere „Störungen“ in deinem Leben als Erinnerungsmale Gottes deuten?
Kann Leiden für dich zu einem Geschenk, zur Gnade werden?
Kannst du dich an Situationen erinnern, in denen die emotionale Nähe zum Kranken und/oder seinen Angehörigen zu stark geworden ist? Wie konntest du damit umgehen?

Bei dir

Ich habe dir ein Lächeln gestohlen
klammheimlich
und mit Wonne
als du dich freutest
dass ich bei dir bin.

Mit diesem Lächeln
Schwarzbrot Glück
fürchte ich mich nicht mehr
denn ich bin unbesiegbar
mein Schulterblatt
ist sachte bedeckt.

Johanna Kurić

Zwischen Ohnmacht und Macht – Gibt es eine gelungene Sterbebegleitung?

Von Josef Raischl

Eine Bekannte einer alten Dame ruft unseren ambulanten Hospiz- und Palliativberatungsdienst an und bittet um Unterstützung. Wie soll die 84-jährige Witwe es noch allein in ihrer Wohnung schaffen? Lungenkrebs im Endstadium! Sie brauche rund um die Uhr Sauerstoff und leide unter furchtbarer Atemnot. Gerade noch käme sie allein an die Tür. Aber sie wolle unabhängig bleiben.

Die entscheidende Frage der nächsten Wochen ist: Kann Frau B. Hilfe annehmen oder nicht? Sie hat weder einen Arzt, der ins Haus kommt, noch einen Pflegedienst, der sie betreut, noch Verwandte, die sich kümmern. Bei einem Hausbesuch lerne ich sie kennen und schätzen. Sie fasst Vertrauen und erzählt mir von ihrer Lebenseinstellung und einzelnen wichtigen Lebensstationen. Wenn sie Hilfe brauche und nicht mehr alleine zu Hause zurechtkäme, dann wäre es eh zum Sterben. Dann wolle sie weg. Hilfe zulassen wäre gleichbedeutend mit Sich-Aufgeben! Das ist ihre Überzeugung.

Frau B. bleibt sich und ihrem Lebensmotto bis zuletzt treu: sie will nicht aufgeben, sie will kämpfen, sie will niemanden belasten. Sie will keine Hilfe, weil sie fürchtet, ihre eigene Willens- und Körperkraft dann ganz zu verlieren. Ohnmächtig lege ich meine Hilfepläne zurück. Etwas frustriert verabschiedet sich auch die ehrenamtliche Hospizhelferin. Wir stehen auf Abruf bereit.

Nach etwa zwei Monaten bekommen wir die Nachricht,

dass Frau B. in ihrer Wohnung friedlich verstorben ist. Die einzigen Bekannten wollten für einige Wochen wegfahren, und da hatte sie sich „entschlossen" zu gehen. Die Freundinnen konnten sie noch eigenhändig für die Beerdigung herrichten und ihr so einen letzten Freundschaftsdienst erweisen. Den Weg zum Grab begleiten fünf Bekannte.

– Heißt dieses Abwartenmüssen nun für Helfer/innen, dass diese „Begleitung" misslungen ist? Die Patientin bleibt sich treu. Wenn uns die Achtung vor den Grenzen, die andere ziehen, gelingt, ist dann nicht sehr viel gelungen? Ist nicht ein vertrauensvolles Gespräch bereits Gelingen genug? Begleitung kann in unserem Leben eigentlich immer nur insofern als „gelungen" oder „misslungen" eingestuft werden, wenn wir die jeweils einmalige Lebenslage und -phase und die betroffene Person sehr genau in den Blick nehmen und die Begleitungsaufgabe dazu in direkten Bezug setzen. Es geht schließlich um ein Passungsgefüge, das fein aufeinander abgestimmt sein muss.

Es gibt gelungene Sterbebegleitung!

„Wenn nichts mehr zu machen ist, ist noch viel zu tun!"[1] Diese paradoxe Aussage ist tägliche Erfahrung in der Hospizarbeit. Seit 1992 bin als Sozialarbeiter und Theologe im Dienst des Christophorus Hospiz Vereins in München

1 Vgl. Heller A., Heimerl K., Husebø S. (Hg.), Wenn nichts mehr zu machen ist, ist noch viel zu tun. Wie alte Menschen würdig sterben können. Freiburg i. Br. 2000, 2. überarbeitete Auflage.

tätig. Ich kann diese Arbeit auch deshalb so lange schon machen, weil ich erlebe, dass wir sehr viel tun und bewegen können. Die Grundvoraussetzung für diese „Erfolgserlebnisse“ allerdings ist die grundsätzliche Annahme der Lebenssituation, die sich dem Tod annähert. Aus dieser Haltung heraus gilt es die Zeit zu gestalten, die gegeben, geschenkt, aufgeladen oder erkämpft und erarbeitet ist. Wir können sehr viel tun. Wenn in der Begleitung Schwerkranker und Sterbender sowie ihrer Angehörigen Vertrauen und Offenheit zwischen Menschen wachsen, so ist sicherlich schon sehr viel gelungen. Dass sich ein Betroffener öffnen kann, grenzt angesichts von lebenslangen Beziehungs- und Kommunikationsverstrickungen manchmal an ein Wunder. Und diese Öffnung kann äußerlich wenig, innerlich aber Welten bewegen, kann versöhnen, befrieden, aufwecken, heilen.

Besonders ehrenamtliche Hospizhelfer können durch ihre engagierte, freiwillig-unentgeltliche und kompetente Zuwendung meist eine neue Dynamik in einen Begleitprozess einbringen, die viele Kräfte und Energien freisetzen kann. Wenn das Signal „Du bist nicht allein!“ wirklich ankommt, ist sehr viel „gewonnen“. Und es muss noch gar nicht viel „passiert“ sein. Das Phänomen der Isolierung führt nicht selten zu unerträglicher Verunsicherung, Hoffnungslosigkeit, Lähmung und einem „Gesamt-Frust“. Wo so viel Verdrängen und Abgrenzen erlebt wird – „Wir können nichts mehr für Sie tun!“ – „Die Kostenübernahme für eine Haushaltshilfe ist keine Mussleistung, weshalb wir als Krankenversicherung die Zahlung einstellen müssen!“ –, ist ein greifbarer und erfahrener Mitmensch oft Gold wert. Die konkreten Inhalte einer Begleitung spielen dann häufig gar nicht mehr die ausschlaggebende Rolle.

In einer unheilbaren Krankheitssituation kann vieles noch heil werden! Lose Enden eines Lebens, die berühmten „unerledigte Dinge“, nicht gesicherte Arbeits- und Lebensziele, zuvor nie ausgesprochene Gefühle oder auch Geheimnisse des Herzens und noch vieles mehr streben einer Integration und Vollendung entgegen.

Es gibt aber auch viele andere Aspekte des Gelingens, die wegen ihrer konkreten Alltäglichkeit und scheinbaren Äußerlichkeit kaum bedacht werden. Eine gut vorbereitete Entlassung aus dem Krankenhaus, bei der Bett und Nachtstuhl und Medikamente und noch einiges andere wirklich da ist, wenn es zu Hause gebraucht wird. Exakte und persönliche Absprachen mit allen beteiligten häuslichen Diensten sind ebenso notwendig, um einen verlässlichen Übergang von stationärer zu häuslicher Betreuung gut zu gestalten. Nicht selten spielen finanzielle Fragen dabei auch eine gewisse Rolle.

Noch wichtiger für den weiteren Krankheitsverlauf und das Sterben sind aber aufklärende und unterstützende Gespräche, die Symptome betreffen, die auftreten können. Manchmal spielt die Sorge um die minderjährigen Kinder die größte Rolle, die zu Hause schwierigen und unkontrollierbaren Situationen ausgesetzt sein könnten. Vielleicht geht es um ganz praktische Dinge wie den Verkauf eines längst zur Last geworden Autos oder das Verschenken von kostbaren Gemälden.

Viele Koordinaten sind jeweils zu berücksichtigen. Für uns als Hauptamtliche im Hospiz- und Palliativdienst ist die Hauptaufgabe, die beteiligten Personen und die Gesamtsituation gut wahrzunehmen („*assessment*“). Erst dann ist eine angemessene Einschätzung möglich. Darauf aufbauend werden wir uns Ziele stecken, die in der Begleitung umgesetzt werden sollen und können. Wir denken über Interventionen nach, Maßnahmen der Unterstützung und Begleitung. „Das könnte gelingen!“ Oder auch: „Dieses oder jenes Ziel von Hospizarbeit – zum Beispiel Sterben zu Hause – ist hier nicht angezeigt.“ Wir setzen uns also einen Rahmen, nach dem wir selber bemessen, was in einer Begleitung hoffentlich gelingen kann. Vieles kann passieren – es kommt etwas dazwischen, etwas anderes kann so nicht umgesetzt werden, etwas entwickelt sich anders als vorhersehbar. Wir müssen unsere Maßnahmen kontrollieren, überprüfen, nachbessern, verändern, zurücknehmen. Es geht bei der Sterbebegleitung um einen Prozess, nicht um einen Ablauf nach Plan. Begleitung kann nie etwas Statisches sein. Es heißt mitzugehen, sich mit anderen bewegen – oder eben die Begleitung zu beenden und stehen zu bleiben, einen Schritt zurückzutreten. Und – zu einer gelungenen Sterbebegleitung gehört auch ein guter Abschluss, eine Verabschiedung.

Grundsätzlich sollten wir das ohnmächtige Scheitern von persönlichem Versagen zu unterscheiden lernen. Auch trotz einer Ablehnung, einem nicht angenommenen Hilfsangebot, einer recht bescheidenen Rolle in der Gesamtsituation können wir zufrieden sein. Und natürlich machen wir Fehler: wir sind nicht genügend sensibel, stülpen jemandem etwas über und verwechseln unsere persönliche „Spur“ mit der der Betroffenen selbst. Dann wird Begleitung zur Führung, zu Besserwisserei und Arroganz. Dann wird es in der Sterbebegleitung gefährlich. Doch dieser Grat ist nicht immer leicht zu bestimmen.

Unversöhnt und überfordert

Simone K. (40) ruft in unserer Geschäftsstelle an. Sie möchte für ihren 15-jährigen Sohn Manuel vorsorgen. Es könnte ja ein Unfall passieren, meint sie. Sie ist schwerstkrank: Gallengangskrebs in fortgeschrittenem Stadium, sie ist sehr geschwächt und hat immer wieder starke Schmerzzustände. Sie ist alleinerziehend und gibt an, Manuel hätte seit Jahren keinen Kontakt mehr zum Vater gehabt. Der dürfe den Manuel sowieso nicht bekommen! Das wäre für sie die schlimmste denkbare Entwicklung überhaupt. Es wäre die Niederlage ihres Lebens schlechthin! Wie viel Bitterkeit, Scheitern und Unversöhnlichkeit schwingen in diesen Worten mit! Unterstützen würde sie jetzt nur ihre 71-jährige Mutter, die aus Norddeutschland angereist sei. In unserem ersten Gespräch, das ich nicht vergessen werde, hat sie das benachbarte Ehepaar, die Mutter und Manuel versammelt und will ihren Sohn schonend „übergeben“: es wäre doch das beste, wenn ihn die Nachbarn, zu denen und deren vier Kindern er jetzt schon viel Kontakt pflege, als Sohn annehmen würden. Manuel verlässt still den Raum. Er ist nicht fähig, seiner Mutter etwas zu sagen. Zu genau spürt er, was hier geschieht. Es gibt Tage, an denen sich Frau K. nur schreiend in ihrem Bett wälzt und nicht mehr aufstehen kann. Manuel sucht dann Zuflucht bei den

Nachbarn. Die Patientin verweigert jede Form von schulmedizinischer Schmerz- oder Symptomkontrolle. Als Heilpraktikerin setzt sie ihre ganze Hoffnung auf alternative Behandlungswege, auf Schafläuse und andere Mittel, die sie in ihrer eigenen Praxis oft angewandt hat. Nachdem ich sie über sämtliche familienrechtlichen Wege der Sorgerechtsregelung für Manuel aufgeklärt habe, versuche ich ihr den Kontakt zum Jugendamt nahe zu bringen. Eine vorzeitige Übertragung des Sorgerechts auf Dritte lehnt sie völlig ab. Und bei allem: auf keinen Fall darf der Vater das Sagen haben! In allen Fragen verweigert sie sich den Ratschlägen und versteift sich ganz auf ihre Lösung. In Einzelgesprächen höre ich sowohl die Sorge der Nachbarn, die ja in einer solchen Situation nicht Nein sagen können, ich sehe Manuel, der einen gewissen Kontakt zu seinem Vater pflegt, und die Mutter, die das Verhalten ihrer Tochter stillschweigend erduldet, auch wenn es sie in aussichtslose und verzweifelte Situationen bringt. Die Mutter ist darüber hinaus nervlich völlig erschöpft, weil sie erst vor einem Jahr ihren Mann verloren hat und dabei ist, ihr Leben in Norddeutschland neu aufzubauen. Sie hat keine andere Wahl, als jetzt hier zu sein. Sie wird ihren Enkel und ihre Tochter nie im Stich lassen, spürt aber im Alltag deutlich, dass sie mit dem pubertierenden und herausdrängenden Manuel keineswegs zurecht kommt. Aber sie erduldet alles. Es ist nicht leicht für uns, die Angebote zur Unterstützung an der Unnachgiebigkeit der Patientin wie an einer Mauer abprallen zu sehen. Eine Hospizhelferin kommt, um der Mutter eine kleine Verschnaufpause zu verschaffen. Sie hat ja in München niemanden, den sie kennt, keine Bekannten: nur die Stadt – und das Schweigen. Die Gespräche mit der Patientin verlaufen zäh. Sie kann sich nicht öffnen und verleugnet vor sich und anderen die Dramatik der Situation. Sie kann vor allem auch mit ihrem Sohn nicht klar darüber reden, der das Furchtbare ahnt: seine Mutter wird sterben! Auf einem Spaziergang mit Manuel höre ich seine Wünsche und Sorgen, seine Prioritäten, sollte seine Mutter sterben. Sorgen für seine Wünsche kann ich und das gesamte Umfeld erst, als Simone K. stirbt. Sie stirbt vor Schmerzen schreiend in den Armen ihrer Mutter. Ihr Sohn ist bei den Nachbarn. Simone K. hinterlässt hilflos trauernde Angehörige, sie hinterlässt ihren Sohn, wie sie es nie wollte, sie tritt schreiend von der Bühne dieser Welt ab. Ihr Sterben ist wie ein ohnmächtiger, wütender Protest. Sie mutet vor allem der Mutter zu, mit diesem Schreien weiterzuleben. Sie schlägt um sich, trostlos und hilflos. Gescheitert ist viel, nicht aber die Unterstützung und der Beistand für die Mutter und den Sohn. Das Leben von Familien und Menschen kann viel ertragen.

Ohnmacht und Scheitern

Jeder kann Sterbende begleiten, so höre ich verschiedentlich. Stimmt dieser Satz so wie „jeder kann bei einer Geburt dabei sein“ oder „jeder kann eine Suppe kochen“? Freilich: jeder kann eine Hand halten – wenn es wahr ist! Und: natürlich kann man vieles falsch machen, kann Sterbebegleitung völlig in die falsche Richtung gehen. Vor allem dann kann Sterbebegleitung nicht nur misslingen, sondern sogar bedrohlich werden, wenn Idealisten ihre hehren Konzepte und Einstellungen ohne Ansehen von

Personen und Situationen einfach zur Anwendung bringen wollen. Für den medizinischen Bereich kommt ein solches Misslingen in dem zynischen Spruch „Operation gelungen, Patient tot“ zum Ausdruck. Ein medizinischer Eingriff kann genau umschrieben, beschrieben und durchgeführt werden – es muss technisch alles passen. Der Zynismus kommt dabei ins Spiel, weil selbst bei diesen eher physischen Eingriffen das gesamte Umfeld und individuelle Zusammenspiel von Körper, Geist und Seele im sozialen und spirituellen Bereich eine große, manchmal sogar entscheidende Rolle spielen.

In der Begegnung mit Schwerkranken und ihren Angehörigen mag eine kurze Geste manchmal reichen, um einem Menschen, der sich völlig am Ende und verlassen fühlt, zu signalisieren: „der hat auch keine Zeit für mich!“ Und schon ist die Türe zu. Ein Wort zu viel über das mögliche nahe Sterben kann Vertrauen zerstören, kann einem Betroffenen so „auf den Geist gehen“, dass weitere „Hilfe“ abgelehnt werden wird. Und es gibt viele andere Versuche, die scheitern. In einem Fall setzte unser Hospizdienst sich vergebens dafür ein, dass die Krankenkasse die Kosten für die Haushaltshilfe in einer Familie weiter übernehmen würde, in der die Mutter zweier minderjähriger Kinder völlig pflegebedürftig war. Die häusliche Betreuungssituation zerbrach daran.

Oder: Wir können ein altes Ehepaar – sie sind hoch in den Achtzigern – nicht entlasten, weil beide keine Hilfe zulassen wollen. Auch den Pflegedienst schicken sie wieder weg: Der Mann will nur von seiner Frau berührt werden.

Am Ende ist die Frau völlig erschöpft und kaputt. Die letzte Kraft raubt ihr die Tatsache, dass sie ständig streiten. Sie kann es ihm nicht mehr recht machen. Schließlich kommt nur noch eine Trennung in Frage. Nach zwei Tagen im Krankenhaus stirbt der 88-jährige Mann. Die Frau trägt schwer an der aufreibenden letzten Zeit und an der durch die Pflege ruinierten Gesundheit.

In einem anderen Fall bringe ich eine Hospizhelferin zu einer 76-jährigen depressiven, schwer herzkranken Frau. Als Hospizdienst beteiligen wir uns, da der Patientin nur noch eine kurze Lebenszeit vorhergesagt wird. Die beiden, Helferin und Patientin, verstehen sich auf Anhieb hervorragend. Die Beziehung wird sehr eng, zu eng. Die Hospizhelferin gerät mehr und mehr in einen inneren Konflikt, da sie ihre Mutterproblematik bei dieser Patientin wieder durchleidet. Sie hält die Belastung nicht mehr aus und zieht sich unabgesprochen und konfus von der Patientin zurück. Es geht ihr so nahe, dass sie sich in der Aufregung eine tiefe Schnittverletzung zuzieht. Für die Patientin ist das nur schwer einzuordnen.

Segen und Fluch des Ehrenamtes

Als Einsatzleiter von mittlerweile 150 ehrenamtlichen Hospizhelferinnen und -helfern stelle ich fest, welch ein Segen, welch ein Gewinn und welch eine Bereicherung freiwillige und unentgeltliche Hilfsbereitschaft in dieser häufig sehr eingeengten und isolierten Situation schwerster Krankheit sein kann. Türen öffnen sich, verzweifelte Köpfe heben sich in aufkeimender Hoffnung, Gefühle von Einsamkeit, Sinnlosigkeit und Hilflosigkeit lichten sich wie Nebel, der sich im Glanz des Morgenlichts aufzulösen beginnt. Es ist so, als würden Gott und die Welt zu einem sagen: Du bist mir nicht egal! Du bist mir wichtig! Eine Solidarität wird greifbar, an die viele unter uns nur noch schwer glauben können.

Und dieser Segen ist oft nur der Anfang eines Weges, auf dem sich letzte Freundschaften formen, Freude und Leid miteinander geteilt und praktische Unterstützung erlebt, geschenkt und angenommen wird. Ein großer Segen!

Diese Art der großherzigen Zuwendung kann allerdings auch zu einem Fluch werden, wenn Helfer/innen sich mit dem Allmächtigen selbst verwechseln, Dinge und Rollen übernehmen, die ihnen nicht zustehen, ihre eigene Bedürftigkeit und Hilflosigkeit auf die schon Schwerbelasteten abwälzen, sich fachliche Kenntnisse zuschreiben, die sie nicht haben, und vieles mehr. Es ist ja so, dass Hospizhelfer/innen schon mit ihrem In-Erscheinung-Treten, mit ihrem Engagement Grenzen überschreiten. Um so wichtiger ist es angesichts dieser Grenzüberschreitung, die so wohltuend und sinnstiftend für beide Seiten sein kann, eigene und fremde Begrenzungen sehr genau im Blick zu behalten. Nur diejenigen, die ihre Grenzen kennen, können spielerisch damit umgehen. Wir müssen in der Struktur, Organisation und Arbeitsweise von Hospizdiensten sehr achtsam mit dieser Chance und Gefahr des Helfens umgehen lernen.

Zwischen Macht und Ohnmacht

Beides also stimmt. Es gibt gelungene Sterbebegleitung; und Sterbebegleitung kann misslingen. Was wir so oder so definieren und deuten, unterliegt weitgehend unserer recht subjektiven Wahrnehmung und Einschätzung. Etwas zu tun, bedeutet nicht immer, das Richtige zu bewegen. Etwas nicht zu tun, heißt nicht immer, ohnmächtig und hilflos zu sein.

Als Christen glauben wir, dass der „Allmächtige" ordentlich „gescheitert" ist. Ist das Kreuz nicht zuallererst ein Symbol grausamen Scheiterns, ein Instrument von Folter und qualvollem Tod? Trotzdem sprechen wir Christen vom Triumph des Kreuzes, davon, dass sich in diesem Zeichen Heil und Heilung ereignen. Der Glaube an einen Allmächtigen, einen Herrscher, der souverän und unbewegt über allem thront, sich die Füße sozusagen nicht staubig macht und auf seine Untertanen huldvoll herablächelt oder auch kritisch starrt – hat das etwas mit christlichem Glauben zu tun? Christlicher Gottesglaube orientiert sich an Jesus, der in seinem konkreten Leben zum Weg schlechthin geworden ist. Er ist die Nähe Gottes. Er ist die Liebe Gottes. Aber ist sein Tod das Leben, die Befreiung, die Erlösung? Ist sein Leben so einfach hin als gelungen zu bezeichnen?

Angesichts der Frage vom Gelingen und Misslingen möchte ich auf die ungeheure Zumutung des christlichen Glaubens verweisen, die darin besteht, Gelingen und Scheitern, Helfen und Hilfe zuzulassen, Menschen zu begegnen und sie wieder gehen zu lassen, sie in der Perspektive des Gekreuzigten und Auferstandenen anzunehmen.

Geben und Nehmen
Ich trage an dem Platz, an dem ich stehe und arbeite, sehr viel Verantwortung – und doch ist meine Verantwortung zweitrangig. Es sind die Betroffenen, die mit ihrem Willen und ihrer ganzen Geschichte die Hauptverantwortung tragen. Ich erfahre in meiner Arbeit nicht ständig Hilflosigkeit und einseitiges und vorschnelles Lassen. Das wäre das Resultat resignativer Depression. Meine Hoffnung liegt in der ohnmächtigen und doch auch mächtigen Annahme des Sterbens als eines sehr wichtigen Lebensabschnittes.

Zusammenfassend möchte ich sagen: Die Begleitung und Beratung schwerkranker Menschen und ihrer Angehörigen ist dann gelungen, wenn wir

- unvoreingenommen würdigen und gelassen wahrnehmen, was ist;
- von außen einen Prozess der Krise und des Abschiednehmens fördern können, ohne den Hauptbetroffenen dabei in irgendeiner Weise im Weg zu stehen;
- an unserer Rolle und Funktion als Außenstehende unverkrampft festhalten und damit vermeiden, stellvertretend Anteile zu übernehmen, die den Hauptbetroffenen zukommen;
- Menschen, seien es nun Patienten selbst oder ihre Angehörigen, dabei unterstützen können, angesichts ihrer Lebensgeschichte, ihrer Sehnsüchte und Verstrickungen, ihrer Beziehungen und ihrer Suche nach Sinn zentrale Wünsche in der letzten Lebensphase umzusetzen;

- unser fachliches Know-how an die konkrete Lebenssituation anpassen und möglichst behutsam integrieren können;
- unsere Hilfe geschmeidig und achtsam an den Verlauf anpassen;
- unsere Wahrnehmungen und Gefühle als Teil des gesamten Prozesses deuten und ernst nehmen können;
- diese Prozesse nicht von einer gesamtgesellschaftlichen und institutionellen Entwicklungsperspektive abkoppeln;
- strukturelle und organisatorische Aspekte des gesamten Prozesses nicht vernachlässigen und versuchen, ihnen mit Aufmerksamkeit zu begegnen;
- den Menschen ganz nahe sein und sie doch wieder loslassen können und
- uns am Kreuz orientieren können, dem Symbol des Scheiterns und zugleich der Vollendung, des Triumphes eines Gottes, der ganz in seiner Liebe zu seiner Schöpfung aufgeht.

An das Ende meines Beitrages möchte ich folgende Frage stellen: Woran würden wir selbst am Ende unserer Lebens wohl erkennen, ob unser Leben gelungen oder misslungen ist? Ein ehrlicher Antwortversuch des helfenden Mitmenschen auf diese Frage ist unter Umständen ein wesentlicher Schritt zu einer angemessenen Haltung gegenüber denen, die in der letzten Lebensphase Hilfe brauchen.

Woran erkennst du, dass etwas oder jemand für dich hilfreich war?
Glaubst du an eine schicksalhafte „Vorsehung“, an eine Vorherbestimmung, die Gott zutraut, alle Bruchteile deines Lebens in ein Ganzes zu fügen?
Glaubst du, dass du dir selbst helfen kannst?

Danksagung

…
Sie wissen es selbst nicht,
wieviel sie in ihren leeren Händen tragen.

„Ich schulde ihnen gar nichts“ –
würde die Liebe sagen
zu diesem offenen Thema.

Wisława Szymborska

Den Horizont weiten:

Ausblick

Zwischen Augenblick und Ewigkeit – was ist das eigentlich: die Zeit?

von Karl-Dieter Ulke

Jedes Nachdenken über die Zeit stürzt uns in dieselbe Verlegenheit wie den spätantiken Schriftsteller, Philosophen und Theologen Augustinus, der angesichts der Frage, was das denn eigentlich sei, die Zeit, eingestanden hat: „*Wenn mich niemand danach fragt, weiß ich es; will ich einem Fragenden es erklären, so weiß ich es nicht.*“[1] Uns geht es heute nicht viel anders. Ich sehe unser gemeinsames Fragen als ein Fragen, das mit unserem Leben zu tun hat und mit dem Leben derer, die mit uns leben, und für die wir – zumindest zeitweise – leben.

Nun könnte natürlich einer kommen und sagen: Zeit ist das, was man mit Hilfe von Uhren und Kalendern messen und so auch „*handlen*“ kann. Das ist richtig, wenn man Zeit mit äußeren Hilfsmitteln einteilen will, wobei von jeher die sozusagen gröbsten Einteilungsmaße Vergangenheit, Gegenwart und Zukunft heißen. Aber diese Antwort befriedigt nur äußerlich. Denn Vergangenheit „ist“ eigentlich nicht im vollen Sinne Zeit, weil sie ja vorbei ist, und Zukunft ist auch nicht im vollen Sinne Zeit, weil sie erst noch kommt. Weshalb wir sagen müssten: Vergangenheit ist nur im uneigentlichen Sinne als Zeit anzusprechen, nämlich als Nicht-mehr-Zeit, und Zukunft ist auch nur im uneigentlichen Sinne als Zeit anzusprechen, nämlich als Noch-nicht-Zeit. Die in Genf geborene Philosophin Jean-

1 Augustinus, Confessiones. Bekenntnisse. Lat. u. dt., übers. v. J. Bernhart, München [2]1960, S. 629.

ne Hersch, eine Schülerin von Karl Jaspers, sagt darum zu Recht: „*Wir haben als Menschen nur eine einzige, konkrete Verabredung mit der Wirklichkeit. Die findet genau* jetzt *statt.*"[2]

Eine wahre und schöne Aussage, die zunächst einmal behauptet, dass man mit der Zeit eine Verabredung haben kann und soll, das heißt, ich muss mich ausdrücklich mit ihr treffen, sonst bin ich nicht mit ihr zusammen und bleibe in gewisser Weise außerhalb der Zeit. Und dieses Stelldichein mit der Zeit, das von unsereinem eigens zu arrangieren ist, damit es stattfinden kann, gelingt eben nicht in der Vergangenheit und auch nicht in der Zukunft, sondern nur in der Gegenwart – oder, wie wir noch etwas zugespitzter sagen könnten: im Jetzt.

Das Jetzt aber ist die „Schnittstelle" zwischen Vergangenheit und Zukunft mit der seltsamen Eigenschaft, diese beiden uneigentlichen Zeiten einerseits zu trennen und andererseits zu verbinden, ohne eine von beiden zu sein. Das Jetzt ist nur das Jetzt – der Augenblick, der so schnell vorübergeht, dass ich ihn weder mit den Händen noch mit Begriffen zu fassen bekomme, sondern nur mit Worten: wir nennen dieses unfasslich rasch Vorübergehende ja das Jetzt oder den Augenblick, aber was haben wir damit erreicht?

Wir haben mehrere Verwechslungen vermieden. Sagen wir es gleich praktisch, und zwar mit Schopenhauer, der in seiner herrlichen kleinen Schrift über den „Unterschied der Lebensalter" die Frage aufwirft: Worin unterscheiden

2 J. Hersch, Der Sinn für den Sinn, in: H.J. Schultz, Was der Mensch braucht. Über die Kunst zu leben, München [2]1990, S. 211.

sich junge Leute von alten Leuten? Seine Antwort: Junge Leute haben eine kurze Vergangenheit und eine lange Zukunft. Alte Leute dagegen haben eine lange Vergangenheit und eine kurze Zukunft. Klingt fast banal wie alle großen Einsichten, sodass manch einer sagen wird: das weiß doch jeder. Stimmt aber nicht, denn das weiß nur der Mensch, gleich ob jung oder alt, der sich das ausdrücklich und eindringlich klar macht bei einem Rendezvous mit der Gegenwart. Und dieses Wissen ist beileibe keine theoretische Angelegenheit, sondern Niederschlag einer sehr praktischen und meistens sehr leidvollen Erfahrung, in der einem klar wird: der junge Mensch lebt falsch, wenn er nur in der Zukunft leben will – und der alte Mensch lebt falsch, wenn er nur in der Vergangenheit leben will. Jugend lebt falsch, wenn sie sich in Zukunft verguckt und von ihr erwartet, dass sie stellvertretend für die Gegenwart einspringt, für eine ungelebte Gegenwart, die sie nun füllen und aufladen, speisen und ernähren soll. Alter lebt falsch, wenn es sich in Vergangenheit verguckt und von ihr erwartet, dass sie, stellvertretend für ungelebte Gegenwart, diese füllen und aufladen, speisen und ernähren soll. Wir kennen das. Kinder und junge Leute sagen etwa: „Wenn ich erst mal groß bin, wenn ich erst mal den Führerschein habe, wenn ich erst mal einen Job habe…" Und umgekehrt sagen die Alten: „Ja, als ich noch jung war; ja, als die Kinder noch klein waren; ja, als ich noch in der Firma war,…" Wie häufig dieser Fehler gemacht wird und wie verhängnisvoll er ist, weiß jeder von sich selber, bevor er es an anderen erfährt – und insofern stehen wir alle, nebenbei gesagt, in einer Solidarität der Zeitmissbraucher, und erst wenn sich dieser Missbrauch der Zeit durch unser Zutun verhindern oder zumindest vermindern lässt, werden wir zu nützlichen, produktiven Zeitgenossen. An dem Wort „Zeitgenossen“ merken wir übrigens, wie allgegenwärtig die Zeit ist – bis in unseren Wortschatz hinein, den wir daraufhin mal abhören, abhorchen sollten.

Wir Menschen sind Zeitwesen, das heißt: wir sind nicht einfach, sondern wir sind dauernd unterwegs und müssen „auf dem Wege“ erst werden, die wir sein sollen. Jeder Mensch kommt zweimal zur Welt,– das haben Hegel und Karl Marx auf eine bis heute nicht überbotene Weise klar gesehen – zweimal kommt jeder Mensch zur Welt: einmal naturwüchsig aus dem Schoß seiner Mutter und zum zweiten Mal geschichtlich durch Arbeit, durch jenen „Stoffwechsel mit der Natur“, bei dem im Gestalten des äußeren Stoffes der Mensch innerlich sich selbst gestaltet und bildet. Deshalb ist es zynisch und kriminell, dem Menschen Arbeitsbedingungen aufzuzwingen, die seine Menschwerdung vereiteln. Das ist also das eine, was hier angedeutet werden soll: unsere „Selbstverwirklichung“ (man kann das Wort mittlerweile nicht mehr hören, aber es findet sich schon 1844 beim frühen Marx als Gegenbegriff zur Selbstentfremdung) – gelingt in der Zeit oder sie gelingt nicht. „In der Zeit“ heißt aber stets: in einer bestimmten Zeit. Und das ist das andere: wir können uns – leider oder gottlob – Zeit nicht aussuchen. Es steht keinem Menschen frei, Zeiten umzukehren, Zeiten zu überspringen, etwa das Kindsein oder das Heranwachsen, oder eine Zeit ungeschehen zu machen, etwa das Altwerden oder das Falsch-gelebt-haben viele Jahre lang. Es steht auch

keinem Menschen frei, zu welcher Zeit er geschichtlich-epochal leben möchte, etwa im 18. statt im 21. Jahrhundert: er wird in eine bestimmte Zeit hineingeboren, die er auch zu bestimmter Zeit wieder verlassen muss.
Zwischen seiner ersten Ankunft in der Zeit und seinem letzten Abschied von der Zeit stehen lauter Ankünfte und Abschiede, ja man muss sagen, dass ein Menschenleben aus lauter Ankünften und Abschieden besteht, dass es keine Ankunft ohne Abschied gibt und dass jedenfalls in diesem Leben, vielleicht aber auch nach diesem Leben, dann nämlich, wenn das Sterben eine Schwelle ist, kein Abschied ohne Ankunft bleibt.

Dass Ankommen und Abschiednehmen zusammengehören, wissen wir natürlich alle, aber es fällt uns schwer, Abschied zu nehmen, weil wir eines eben nicht wissen oder nicht wissen wollen: dass alles Leben in der Zeit gegensätzlich verfasst ist, mit anderen Worten: dass es eben keine lebenswerte Vergangenheit gibt ohne Zukunft und keine lebenswerte Zukunft ohne Vergangenheit. Neben dem ersten Grundkennzeichen allen Lebens in der Zeit, welches wir vorhin kennen gelernt haben: dass alles endlich ist (außer dem Unendlichen), ahnen wir jetzt die Wahrheit eines zweiten Grundkennzeichens: dass alles Leben in der Zeit aus Gegensätzen zusammengesetzt und strukturiert ist: kein Abschied ohne Ankunft, keine Ankunft ohne Abschied. Wohlgemerkt: so soll es sein, und wo es nicht so ist, misslingt unser Leben.

Ich *muss* das Alte loslassen, sonst bekomme ich das Neue nicht zu fassen, denn mein Leben verläuft im Gegensatz-

Rhythmus von Weggehen und Ankommen, von Ankommen und Weggehen. Weil uns aber das Loslassen und Wiederweggehen so schwer fällt, müssen wir es lernen. Wir sind an die Kette der Zeit gelegt. Diese Zeit-Kette besteht, wie jede Kette, aus einzelnen Gliedern, in diesem Fall abwechselnd aus einem Abschiedsglied und einem Ankunftsglied. Wer die Abschiedsglieder herausbricht, um immer nur anzukommen, zerbricht die Kette, die ihn hält, und fällt ins Bodenlose. Ketten behindern unsere Freiheit, aber die Zeitkette bejahen und festhalten, heißt freiwerden innerhalb unserer Grenzen, unserer Zeitgrenzen.

Der verstorbene Berliner Religionsphilosoph Wilhelm Weischedel hat für diese Einstellung oder für diese Grundhaltung gegenüber der begrenzenden und zugleich freiheitsgewährenden Zeit das Wort „Abschiedlichkeit“ geprägt. Das Wort wirkt ein bisschen künstlich, die Einstellung aber ist etwas sehr Lebendiges und Lebensdienliches. Übrigens sind wir nebenbei schon wieder auf einen Gegensatz gestoßen, als wir sagten, dass die Zeitkette, an der wir liegen, uns frei macht, wenn wir an ihr festhalten?

Der Mensch, zu dessen Grundeinstellungen die „Abschiedlichkeit“ gehört, wird seine Vergänglichkeit auf sich nehmen, wenn auch unter Schmerzen, aber hoffentlich nicht nur unter Schmerzen, sondern auch mit einer Gelassenheit, die im allerglücklichsten Gelingensfall sogar einen Schimmer von Heiterkeit gewinnen könnte. Der gelähmte Franz Rosenzweig behielt bei schwer gehemmter Beweglichkeit der Lippen, so berichtet Martin Buber, sein unzerstörbares Lächeln und scherzte mit seinen Besuchern. Da sehen wir plötzlich noch einen Gegensatz im zeitgebundenen Leben aufblitzen: Schmerzen und Heiterkeit bei ein und demselben Menschen.

Wenn neben unserer ersten These, nämlich dass alles, was mit Zeit zu tun hat, endlich ist, auch unsere zweite These stimmt: dass alles, was mit Zeit zu tun hat, gegensätzlich verfugt ist, dann gehören auch zwei gegensätzliche Regungen oder Strebungen der Menschen, die wir sonst immer säuberlich auseinanderdividieren, unbedingt zusammen – nämlich die Sehnsucht und die Erinnerung. Wieso gehört die Erinnerung zur Sehnsucht und die Sehnsucht zur Erinnerung?

Der jüdische Schriftsteller Max Fürst schreibt als 68-jähriger in seinem Roman „Gefilte Fisch“: *„Alles, was ich erzähle, ist nur sehr beschränkt wahr, es ist nur so wahr wie meine Erinnerung, aber ich glaube, meine Erinnerung liebt mich und gibt mir deshalb Recht.“* Meine Erinnerung liebt mich – was für ein erlösendes Wort! Ich möchte einen Augenblick von der Erinnerung sprechen, diesem „Rückspiegel“, der seinen Gegenspiegel und Widerpart in der Sehnsucht hat, sodass vielleicht der eine Spiegel ohne den anderen leer bleibt, weil die Sehnsucht nichts zu sehen bekommt ohne die Erinnerung und die Erinnerung nichts ohne die Sehnsucht. Schauen wir uns diese Zeitgegensätze in ihren gegensätzlichen und gerade darum zusammengehörigen Zeitlichkeiten etwas näher an.

Dass die Erinnerung zurückgreift ins Vergangene, ist uns geläufig, und es ist uns auch geläufig, dass dieser Rückgriff das Vergangene nicht so in den Griff bekommt, wie es war –

weder so vollständig noch so genau, wie es war. Es ist uns aber ganz und gar ungeläufig, diese Erfahrung nicht als Manko zu sehen, nicht als etwas Fehlerhaftes, nicht als einen Defekt. Denn wir schämen uns des Makels, nicht makellos zu sein. Unsere Erinnerung funktioniert weder präzise noch perfekt – und ist dennoch kein Manko. Sie wäre es, wenn wir technisch hochkarätige Messinstrumente wären. Wir sind aber keine Messinstrumente, sondern führen unser Dasein in der Zeit, das heißt, wir sind Durchreisende, die in ein und demselben Moment aus der Vergangenheit kommend durch die Gegenwart ins Zukünftige reisen. Weil das so ist, weil die Zukunft über die Gegenwart auf kürzestem Wege an die Vergangenheit gekoppelt ist, hängt das Zurückgreifen der Erinnerung ganz eng mit dem Vorausgreifen der Sehnsucht zusammen. Das eine lässt sich vom anderen nicht abkoppeln, der rückkehrwillige Geist ist zugleich ein aufbruchswilliger Geist, und der aufbruchswillige Geist kann gar nicht anders als ein rückkehrwilliger Geist sein, weil er sonst gar nicht wüsste, wovon er Abschied nehmen sollte.

Erinnerung und Sehnsucht, Rückgriff und Vorgriff, Tradition und Traditionskritik – an diesem zeitgebundenen Gegensatzpaar zeigt sich, dass die Erinnerung deshalb nicht „rein" sein kann, weil wir in sie unsere zeitgleich mitlebende Sehnsucht eintragen, und dass unsere Sehnsucht nicht „rein" sein kann, weil wir in sie zeitgleich unsere Erinnerungen eintragen. Wen das stört, der misst seinen menschlichen Wert nicht als Lebewesen-in-der-Zeit, sondern als technisches Gerät und muss dabei schlecht abschneiden. Wir sind keine Geräte. Unsere Erinnerung ist so sehr von der Sehnsucht durchtränkt, dass man sie, die

Erinnerung, als rückwärts greifende Sehnsucht bezeichnen muss. Unsere Sehnsucht ist so sehr von der Erinnerung durchtränkt, dass man sie, die Sehnsucht, als vorwärts greifende Erinnerung bezeichnen muss.

„…meine Erinnerung liebt mich", schreibt Max Fürst – ergänzen wir ihn: meine Sehnsucht liebt mich –; denn beide sind einander zugeneigt, so sehr, dass die Erinnerung ständig bei der Sehnsucht zu Gast ist und die Sehnsucht ständig bei der Erinnerung. Erst wenn man ihnen dieses gegenseitige Besuchsrecht nimmt, erst wenn man sie trennt und auseinanderreißt, werden sie gefährlich.

Denn Erinnerung, der man die Sehnsucht austreibt, verkommt zur Resignation. Und Sehnsucht, der man die Erinnerung austreibt, verkommt zum Fanatismus. An diesem Punkt merken wir, dass die abgebrochene Wechselbeziehung und stillgelegte Dialektik zwischen Sehnsucht und Erinnerung auch politisch brisant wird, zumal dann, wenn sich die beiden freischweifenden Dämonen des Fanatismus und der Resignation zusammenrotten.

Alles Zeitliche ist endlich. Und alles Endliche ist gegenstrebig angelegt. Müsste dann nicht auch das Insgesamt alles Endlichen ebenfalls seinen Gegensatz bei sich führen? Und was anderes ist der Gegensatz des Endlichen als das Unendliche? Falls es aber einen Fingerzeig des Endlichen auf dieses Unendliche gäbe, was sollte dieser Fingerzeig oder diese verlangend ausgestreckte Hand anderes sein als die Sehnsucht? Bei Platon gibt es übrigens die rückwärts gewandte Sehnsucht nach dem vorgeburtlichen Zustand des Menschen, in dem seine Seele die immerwährenden

Urbilder alles Wirklichen schaute, die „Ideen", während Juden und Christen ihre Sehnsucht auf ein nachzeitliches Reich richten, das im allgemeinen als „ewig" bezeichnet wird.

Bei diesem Verhältnis vom „Ewigen" zum Zeitlichen muss es sich um kein bloßes Nacheinander handeln. Schon bei Platon ist Zeit ein bewegliches Abbild der Ewigkeit und insofern mit ihr verbunden. Bei Aristoteles, seinem Schüler, ist die Zeit von der Ewigkeit sogar umschlossen. Und die Schriften des Alten und Neuen Testaments legen den Hauptwert nicht so sehr auf das Nacheinander von Zeit und Ewigkeit, sondern auf ihren Qualitätsunterschied: Gott, der mit den Menschen Geschichte macht, ist dieser Geschichte insofern überlegen, als er in das zeitliche Geschehen eingreifen und es gestalten kann. Der Qualitätsvorrang des Ewigen vor dem Zeitlichen besteht in seiner Unverfügbarkeit, aber dieses unverfügbar Ewige greift zuweilen bereits in Gegenwärtiges ein.

Wenn wir noch einen Augenblick beim Ewigen bleiben, und zwar im Kontext eines nachreligiösen Lebensgefühls, so können wir mit Bernhard Welte sagen, dass die moderne Erfahrung des Nichts eine durchaus ambivalente Erfahrung ist. Ewigkeit, die als Gegensatz der Zeit erfahren wird, ja als Nichts der Zeit, muss darum keineswegs eine eindeutig „nichtige" Rolle spielen. Das heißt: die moderne Erfahrung des Nichts kann nihilistisch gemeint sein, muss aber nicht. Es kann sein, dass hinter diesem Nichts wirklich nichts ist, oder aber jener absolute Gegensatz des Nichts, den man seit jeher als Gott bezeichnet, hier allerdings ohne seinen Namen zu nennen: man lässt die Wortstelle leer, ganz verschwiegen. Im Jahr 1964 erschien ein Gedichtband des jüdischen Dichters Paul Celan mit dem Titel „Die Niemandsrose". Darin steht ein Gedicht, das mit dem Wort „Mandorla" überschrieben ist. Eine Mandorla ist ein mandelförmiger Lichthof, der eine Gestalt umgibt, wobei es hier innerhalb des Lichthofs gerade nichts gibt. Celans Gedicht beginnt so:

In der Mandel – was steht in der Mandel?
Das Nichts.
Es steht das Nichts in der Mandel.
Da steht es und steht.[3]

Da steht es und steht, heißt es da vom Nichts. Steht dieses Stehen für das Ewige, das ja nichts anderes ist als ein *„nunc stans"*, als ein stehenbleibendes Jetzt jenes Gottes, der hier nicht mehr erscheint, aber vielleicht gerade durch seine Abwesenheit glaubhafter erinnert wird als im direkten Benennen? Wo einst Gott war, steht und steht in dieser Zeit das Nichts und in diesem Nichts vielleicht doch nicht nur das Nichts. Was ich sagen wollte, war die Vermutung: wenn jedes endliche Ding in der Zeit seinen Gegensatz bei sich führt, so scheint auch das Endliche als Ganzes seinen Gegensatz zu erheischen, das Unendliche. Aber das ist kein Beweis, sondern eine hoffentlich nicht allzu törichte Denkanregung, wie ich hier überhaupt kaum etwas anderes geben will als Anregungen zum Denken und Meditieren.

3 P. Celan, Mandorla, in: ders., Ausgewählte Gedichte. Zwei Reden. Frankfurt/M. [7]1977, S. 85.

Der Mensch führt sein Leben in der Zeit. Nichts ist deutlicher als dieses Dasein-in-der-Zeit, nichts aber auch vieldeutiger und vielfältiger. Dennoch haben sich offenbar zwei Deutungskonstanten oder zwei Grundkennzeichen bewährt: dass alles Zeitliche endlich ist, das heißt vergänglich und begrenzt, – und dass alles in dieser zum Verschwinden tendierenden Zeit gegensätzlich strukturiert ist. Diesen beiden Kennzeichen der Zeit können wir ein drittes hinzufügen: Die Zeit des Menschen ist Begegnungszeit. Was heißt das?

Wir werden allem Wirklichen – dem Wirklichen, das wir selber sind, und dem Wirklichen als dem uns Anderen – wir werden allem Wirklichen nur dann gerecht, wenn wir es als Aufgabe sehen und uns zu dieser Aufgabe in ein Verhältnis setzen, in ein Verhältnis der Begegnung. Sonst haben wir unsere Zeit vertan. Ich, der ich unterwegs bin in der Zeit und durch die Zeit, bin unterwegs, weil ich nicht bei mir selber bleiben mag. Denn ich bin nicht nur Leben, in mir gibt es vieles, was nicht lebt, und das ich von mir allein aus nicht lebendig machen kann. So bin ich aus mir heraus verwiesen auf anderes, das ich nicht selber bin, und das in dem lebt, worin ich nicht Leben bin. Dieses Andere, auf das jedes Ich verwiesen ist um seines Lebens willen, und zu dem sich jeder in ein Verhältnis setzen muss, wenn er nicht umsonst gelebt haben will, lässt sich – ein bisschen schematisch – als ein vierfaches Gegenüber benennen:

- als Verhältnis zu sich selbst
- als Verhältnis zum anderen Menschen
- als Verhältnis zur Welt
- als Verhältnis zum ganz Anderen.

Das Verhältnis zu sich selbst

Mensch sein heißt Mensch werden, und wie jedes Werden ist auch das Ich-selber-werden Begegnung in der Zeit. Wir haben das vorhin schon kurz angesprochen bei der Selbstverwirklichung des Menschen durch Arbeit. Im Gegensatz zu anderen Lebewesen kommt der Mensch mangelhaft auf die Welt. Ihm fehlt vor allem der Instinkt des Tieres und die damit gegebene Lebensorientierung. Er beginnt mit einer Art von unfertigem Rohzustand, den er formen, ergänzen und ausgestalten muss. Wenn er sich aus seinem Ist-Zustand herausbewegen und auf seinen Soll-Zustand hinbewegen will, so muss er diese Bewegung in Freiheit tun. Nach Sartre muss sich der Mensch aus dem Nicht-mehr seiner Vergangenheit herausarbeiten, indem er sich als einen Zukünftigen wählt, der er noch nicht ist. Die jeweilige Gegenwart zwischen der abgelebten Vergangenheit und der noch nicht gelebten Zukunft ist die Zeitschwelle oder die Bruchstelle, die uns Angst macht: Angst vor der Freiheit zu wählen. Wir haben Angst vor der Freiheit, denn die Freiheit ist ein Vorgriff ins Zukunfts-Nichts. Aber wir müssen wählen.

Sartre verdeutlicht, was er meint, unter anderem an zwei Beispielgeschichten. Die erste Geschichte geht so: Wenn der Bergsteiger an den Rand eines Abgrunds gerät, und wenn ihm bewusst wird, dass er abzustürzen droht, steigt Angst in ihm auf. Diese Angst kommt nicht von außen, aus dem Abgrund, sondern von innen, aus dem Inneren des Bergsteigers: jetzt muss ich die Situation in die Hand nehmen. Ich beginne, mich vorsichtig zu bewegen, achte auf meine Schritte und weiß in meiner Angst: jetzt kommt es darauf an, was ich tue. Indem ich das weiß, wird die Welt in eine Anzahl von Möglichkeiten zerlegt, die ich unter Kontrolle habe. Ich kann stehen bleiben oder mich hinunterstürzen oder weitergehen oder umkehren. Was immer ich wähle, ich greife voraus auf eine Zukunft, die ich noch nicht kenne und noch nicht bin. Deshalb kann Sartre schreiben: „*Die endgültige Verhaltensweise wird aus einem Ich hervorgehen, das ich nicht bin ... Das Bewusstsein, seine eigene Zukunft zu sein in der Weise, sie nicht zu sein, das ist genau das, was wir* Angst *nennen.*“[4]

Die andere Beispielgeschichte handelt von einem spielsüchtigen Billardspieler, der aufhören will zu spielen. Dieser Mensch hat keine Angst vor der Zukunft, sondern will sie möglichst bald genießen und ist doch so naiv, zu meinen, dass etwas Vergangenes dafür den Preis entrichtet. Er glaubt nämlich, dass sein gestriger Entschluss, nicht mehr zu spielen, auch heute noch standhält, als er an dem Billardlokal vorbeikommt, wo er bereits ein Vermögen verspielt hat. Sartre schreibt: „*Zwar ist der frühere Entschluss, nicht mehr zu spielen, immer da, und in der Mehrzahl der Fälle wendet sich der Spieler, wenn er in den Anblick des Spieltisches gerät, nach diesem Entschluss um und bittet um Hilfe: denn er will nicht spielen oder vielmehr, da er den Entschluss am Tage vorher gefasst hat, denkt er sich noch als den, der nicht mehr spielen will, er glaubt an eine Wirkung jenes Entschlusses. Aber was er dann in der Angst erfasst, das ist gerade die totale Unwirksamkeit des vergangenen Entschlusses ... Allein und nackt wie am Tage vorher stehe ich vor der Versuchung; geduldig habe ich ein Bauwerk aus Schranken*

4 J.-P. Sartre, Das Sein und das Nichts. Versuch einer phänomenologischen Ontologie, Hamburg 1952, S. 74.

und Mauern errichtet, in den magischen Kreis eines Entschlusses habe ich mich eingeschlossen, und dann merkte ich voller Angst, dass nichts mich hindert, zu spielen.“[5] Sobald dem Spieler dies bewusst geworden ist, weiß er, dass er sich auf den, der er gewesen ist, nicht verlassen kann. Sein Vergangenheits-Ich ist abgegolten, ausgeschöpft, überlebt.

Ich habe mich so lange bei Sartre aufgehalten, um drei Dinge anzudeuten: Zum einen – es ist die Sprache, welche die fortwährende Enthüllung des menschlichen Zeithorizonts vollbringt: sie benennt, was sich zeigt, und es zeigt sich, weil sie es benennt. Zum anderen: wie der Mensch die Zeit einschätzt, so handelt er. Und schließlich: wir dürfen diese Zeit-zur-Freiheit nicht räumlich verstehen, wie wir es fast immer tun, wenn wir von Zeit sprechen. Die Zeit darf man deshalb nicht räumlich denken, weil sie sonst nicht mehr Zeit zum Ich-selber-Werden sein kann, was ja nun wirklich nichts Räumliches ist.

Das Verhältnis zum Anderen

Keiner lebt für sich allein. Menschen leben aus Beziehungen. Sie sind auf ihre Mitmenschen angewiesen. Die Fähigkeiten und Verhaltensweisen eines Menschen verflechten sich mit den Fähigkeiten und Verhaltensweisen seiner Mitmenschen. So entsteht mit der Zeit der lebensgeschichtliche „Stoff“, das „Zeitgewebe“, aus dem sich „Persönlichkeiten“ formen. „Mensch“ sein heißt das gegenüber seiende Wesen sein“, schreibt Martin Buber. Menschliches Leben ist weder ein abgeschlossener Zustand noch eine „Solo-

5 J.-P. Sartre, aaO., S. 75 f. passim.

Aufführung“, sondern ein zwischenmenschlich in Gang zu bringender Prozess in der Zeit.

Emmanuel Lévinas sagt: Zum Zeitpunkt der Begegnung mit einem Anderen stoße ich auf eine fremde Zeit, die ich nicht beeinflussen kann, weil sie meinem Zugriff entzogen ist. Wenn eine Begegnung zustande kommt, verschmelzen die vorher getrennt verlaufenen Zeiten zu einer gemeinsamen Zeit. Lévinas nennt das die Situation der „Diachronie“. Zwei vorher unabhängige Zeiten, nämlich die meine und die des Anderen, verbinden sich wie zwei Flüsse und trennen sich wieder, wenn die Begegnung vorbei ist.

Daran lässt sich dreierlei zeigen: einmal, dass die Zeit des Miteinanderseins, diese gemeinsame und gemeinsam gewordene Zeit, anders qualifiziert ist als die Zeit, die jeder der beiden allein mit sich verbringt; zweitens, dass der Beginn und das Ende dieser Begegnungszeit nicht umkehrbar, nicht vertauschbar sind; drittens, dass wir wahrscheinlich nichts Kostbareres zu vergeben haben als unsere Zeit, ja vielleicht ist das, was jeder „seine“ Zeit nennt, sogar das Einzige, das wirklich ihm gehört und von ihm kommt, anders als sein Leib, den er weithin mit den Tieren teilt, und anders als seine Bewusstseinsinhalte, die er ja auch im wesentlichen anderen Leuten verdankt.

Das Verhältnis zur Welt als Natur

Die schon genannte Jeanne Hersch beginnt ihren Essay „Am Rande der Zeit“ mit folgenden Worten: „*Als Gott die Welt schuf, trennte er sich von sich selbst, trennte er die Welt von sich, trennte er die Elemente voneinander. Als Gott den*

Menschen schuf, trennte er sich vom Menschen und trennte den Menschen von sich. Erst dadurch wurden die Welt, die Elemente und der Mensch wirklich … Alles, was wirklich ist, ist getrennt …"[6]

Soweit die Philosophin, der wir gern zustimmen werden, obwohl es uns immer wieder nach Vereinigung des Getrennten drängt. Wenn sich der Mensch gegenüber der Natur vorfindet, die ihn umgibt, dann möchte er mit ihr eins sein, sagt Camus, – doch die Natur schweigt auf diesen Wunsch des Menschen und lässt ihn allein. Denn der Mensch muss seine Geschichte ausdrücklich in Gang setzen, während die Natur von selber wächst. In dieser Unvereinbarkeit wurzelt übrigens auch der alte Widerstreit zwischen Glücksstreben und Freiheitsverlangen: ein Kampf, der sich genauso im Inneren jedes Einzelnen abspielt wie auf den blutigen und unblutigen Bühnen der großen Politik. Denn, um es noch einmal mit anderen Worten zu sagen: das Glücksstreben ist naturwüchsigen Ursprungs, dagegen ist das Freiheitsverlangen mit seinen Entscheidungen geschichtlich hervorzubringen, ein wohl nie zu schlichtender Konflikt und Kampf zwischen den beiden führenden „Orientierungswerten" des nachneuzeitlichen Menschen.

Das Verhältnis zum ganz Anderen

Wer sich's leicht machen will, identifiziert das ganz Andere sofort mit Gott, aber manche Menschen wie etwa Max Horkheimer können und wollen das nicht, ohne jedoch

6 J. Hersch, Am Rande der Zeit, in: dies., Quer zur Zeit, Zürich ²1990, S. 104.

die Sensibilität dafür zu verlieren, dass unserer endlichen, gegensätzlichen und für Begegnungen offenen Zeitlichkeit etwas Wesentliches fehlt. Hier steht das ganz Andere gewissermaßen als ein Unaufgebbares hinter den Dimensionen unserer Zeitlichkeit, es steht beispielsweise für die ersehnte Beseitigung menschenverursachten Leides. Horkheimer erhofft eine Zeit, in der der Henker nicht länger über sein Opfer triumphiert. Camus, der Agnostiker, sagt in seinem im Dominikanerkloster von Latour-Maubourg gehaltenen Vortrag zu den anwesenden Christen: „*Wir können es vielleicht nicht verhindern, dass diese Schöpfung eine Welt ist, in der Kinder gemartert werden. Aber wir können die Zahl der gemarterten Kinder verringern. Und wenn Sie uns dabei nicht helfen, wer soll uns dann helfen?*“[7]

Auch dieses ganz Andere, wie immer wir es verstehen, ist kein Nest, in das wir uns passgerecht einschmiegen können, sondern etwas Fremdes, das vielleicht eines Tages einmal aufhört, ein Fremdes zu sein. Vergessen wir nicht, dass vom ganz Anderen die Rede ist, was ja streng genommen heißt, von etwas Zeitenthobenem jenseits der Vergänglichkeit. Wir aber sind nur fähig, Sterbliches zu lieben. Da wir aber nur fähig sind, Sterbliches zu lieben und zugleich die Neigung haben, gerade das Sterbenmüssen dieses Sterblichen zu verdrängen, suchen wir in Einheitserfahrungen das Trennende zu vergessen. Wir erträumen Vereinigungen von immerwährender Dauer. Wir existieren in Trennungen von Gegenwart zu Gegenwart.

7 A. Camus, Der Ungläubige und die Christen, in: ders., Fragen der Zeit, Hamburg 1960, S. 77.

Wie würdest du den inneren Zustand „im Jetzt leben" beschreiben? Was gehört für dich dazu?
Was tritt dabei in den Vordergrund, was tritt zurück?
Warum verlieren wir unsere Freiheit, wenn wir die Zeit als etwas Dingliches missverstehen?

An Stelle von Heimat
halte ich die Verwandlungen der Welt

Nelly Sachs

Veronika Elisabeth Schmitt OCD, „Engel am leeren Grab"

Er lebt – Die Ikone vom Engel am leeren Grab

Veronika Elisabeth Schmitt OCD

Diese Ikone besteht aus einem massiven Holzbrett, in welches zwei Seitensponkis eingelassen sind, um ein Verbiegen des Brettes zu verhindern. Die Malfläche wurde durch Fräsen vertieft, wodurch ein Rand ringsum entstand.

Dieses Brett wird vor dem Malen geleimt, auf der Oberfläche mit einem Leinen überzogen, auf welches dann zwölf bis fünfzehn Schichten Kreide-Leim-Gemisch aufgetragen werden. Zum Schluss wird der Kreidegrund ganz glatt geschliffen und bildet so die Malunterlage.

Jetzt kann die Vorzeichnung, die zum Gold hin graviert wird, gemalt werden. Danach erfolgt die Bolusvergoldung, die im Bereich des Nimbus poliert wird.

Dann beginnt die eigentliche Malerei. Zunächst werden die Grundfarben auf der gesamten Malfläche aufgetragen und nach und nach aufgehellt. Die Ikonenmalerei wird als eine Malerei vom Schatten zum Licht bezeichnet. Das Licht der Verklärung, das Taborlicht, soll in ihr aufscheinen. Nach traditioneller Weise werden die Farbpigmente mit Eidotter vermalt.

Als Vorlage für diese Ikone diente ein Auferstehungsfresko aus der Klosterkirche von Mileševa in Serbien aus dem 13. Jahrhundert. Ursprünglich hatte man Kirchen mit Mosaiken ausgestattet. Wo das zu teuer und zu aufwendig war, malte man Fresken. Die Ablösung des religiösen Bildes von der Wand hat zur Entstehung der Ikone beigetragen. Diese waren beweglich und konnten deshalb auch in die Häuser, das heißt in den privaten Bereich, mitgenommen und aufgestellt werden. Die Malerei ist im Stil und in der Farbgebung gleich. Die Maltechnik ist verschieden. Beide haben einen unterschiedlichen Malgrund. Beim Fresko ist der gemalte Hintergrund das gegebene, bei der Ikone das Gold.

Das Gold der Ikone repräsentiert Transzendenz. Es hebt sich gänzlich von den Farben und dem Pinselstrich ab. Früher wurde die gesamte Malfläche vergoldet. Das göttliche Licht sollte durch eine immer transparenter werdende Eitempera aufscheinen. Bei der Ikone geht es um eine stilisierte Darstellung von Personen und Gegenständen. Die Farben sind nicht beliebig, sondern haben eine bestimmte Symbolik. Die gesamte Ikonenmalerei unterlag einem strengen Malkanon, da das Malen der Ikonen, die einen festen Platz in der ostkirchlichen Liturgie einnehmen und denen ein quasisakramentaler Charakter zukommt, als gottesdienstliche Handlung angesehen wurde.

Das Weiß wurde dem Gewand des Auferstandenen und der Engel vorbehalten. Der Faltenwurf und die Art der Aufhellung geben Aufschluss über die zeitliche Entstehung einer Ikone. Bei dieser Ikone ist die Komposition entscheidend: weisende Hand, Sitzhaltung des Engels, Grabkammer und Stein. Wir haben einen Ausschnitt aus dem Auferstehungsfresko vor uns. Der Engel verbindet in seiner Haltung das Grab und den Stein. Er gibt mit seiner Hand den hermeneutischen Schlüssel, wie beides zu verstehen ist. Der Stein ist weggewälzt, das Grab ist offen. Der Blick ist frei zu dem Verwandlungsgeschehen aus dem Tod zum Leben.

ER lebt

ER ist nicht hier
Tod, Grab, Stein
sie sind noch da
aber anders
verändert
aufgebrochen
verwandelt
hineingeboren
in das Reich des Lebens
der Auferstehung
wo es keine Bedrohung
mehr gibt.

ER ist auferstanden
in dich hinein.
Die Hand
der Finger
zeigen dir den Weg
in dein Inneres
deine Grabeskammer
die ER aufgebrochen
und verwandelt hat.

Im Blick des Engels

Von Josef Sudbrack SJ

Man stutzt zuerst: Vom Nachdenken über die Begleitung Sterbender zum Engel am leeren Grab. Doch gleich ob man im Glauben an die Auferstehung von den Toten lebt, der die Hand des Malers leitete, oder nicht – die Ikone selbst ist so gewaltig, dass sie jeden gefangen nimmt.

Schwester Veronika aus dem Karmel Heilig Blut in Dachau hat sich bei der Wiedergabe des alten Vorbildes von den klassischen Anweisungen zur Ikonenmalerei leiten lassen. Denn hier geht es nicht um Originalität, was moderne Maler lieben, sondern es geht um lebendige Tradition. So gut wie alles, selbst das Mischen der Farben, läuft nach uralten Riten ab, ist begleitet von Fasten und Gebet. Es ist wie in einer alten Wallfahrtskirche: Das gläubige Beten ganzer Generationen ist eingeflossen. Im Weiß seines Gewandes ist der Auferstehungsengel auf dem Felsblock des leeren Grabes zu einem Gebet geworden.

Noch vor kurzem waren Engel für manche Theologen nur legendäre Reste, die im Neuen Testament hängen geblieben und daher auszumerzen sind. Augenblicklich schlägt das Pendel in die Gegenrichtung um zu einer oft putzigen Kameraderie mit den Engeln. Doch die Ikone mit ihrer zwingenden Geste zeigt, wie beschränkt beide Verkennungen des Engels sind.

Die Bibel hat im Neuen Testament damalige Auffassungen von den „Mächten und Gewalten“, die den Kosmos und das menschliche Leben beherrschen, aufgegriffen und dies radikal der Herrschaft des Auferstandenen untergeordnet: „Alles ist ihm zu Füßen gelegt. ... Der letzte Feind aber ist der Tod“ (1 Korinther 15). Kosmos und Mensch sind in diese neue Ordnung eingefügt. Ihre „Mächte und Gewalten“ lassen nun „Gottes ewige Weisheit“ (Epheser 3) unter uns aufleuchten. Dabei wird es weniger wichtig, ob einer die Engel, die Mächte von Kosmos und Bewusstsein, als selbstständige Diener Gottes verehrt oder in ihnen und ihrem Wirken die unter uns aufstrahlende Fülle der Herrlichkeit Gottes spürt. Der Mensch wird niemals Gottes und seines Sohnes Du-Herrlichkeit in rationales Besserwissen auflösen können; stets trägt er ein Stück der eigenen Sehnsüchte mit hinein in das Beten zu Gott und seinen heiligen Engeln. „Nur das Mysterium tröstet“, weiß ein altes Buch.

So hat der Ikonenmaler in diesem Auferstehungsengel die Berichte von der Mitte des christlichen Glaubens, von der Auferstehung Jesu zusammengetragen:

Im Markus-Evangelium (ohne den unechten Schluss) verkündet der Engel den Frauen (nicht zuerst den Männern) die Frohbotschaft vom Auferstandenen, der vorausgehen wird nach Galiläa in das Land des Anfangs. Sie aber fliehen in Entsetzen. „Ein jeder Engel ist schrecklich“, dichtet Rilke.

Bei Matthäus begleitet das Erbeben des Kosmos die Szene. Wieder sind es die Frauen, denen erst der Engel, dann der Auferstandene begegnet und ihnen dann das Weiterkünden der frohen Botschaft aufträgt. In der Schlussszene überträgt Jesus als Herr über den Kosmos seine Macht den Jüngern. Die Apostelgeschichte greift dies auf als Himmelfahrt und lässt es deuten von Engeln, von „zwei Männern in weißen Gewändern“.

Im Lukas-Evangelium sind es wiederum zuerst die Frauen und die beiden weißen Engel. Dann kann Petrus das leere Grab konstatieren, das die Ikone darstellt. Und dann bricht über die Emmaus-Jünger und andere die Auferstehungs-Wahrheit auf, bis zuletzt der Auferstandene selbst sich den Jüngern zeigt. Am Schluss aber wird die endgültige Versöhnung des Kosmos mit Jesu Auffahrt in den Himmel angezeigt.

Bei Johannes begegnet der Auferstandene selbst in einer regelrechten Liebesgeschichte der Maria von Magdala, nachdem Petrus und der Lieblingsjünger die Wahrheit von der Auferstehung festgestellt haben. Auch hier setzt die Geschichte bei zwei Engeln an, gipfelt im triumphalen Thomas-Bekenntnis: „Mein Herr und mein Gott!" und führt hin zur Welt-Sendung des Apostelfürsten Petrus. Die Auferstehung des Gekreuzigten ist Grundstein der Kirche.

Der 1. Korintherbrief, Kapitel 15, ist das wohl älteste literarische Zeugnis der Auferstehung. Paulus, der nüchterne Theologe, erwähnt die Engel nicht, stellt aber das Ganze in die christliche Gesamt-Hoffnung hinein: „*Wenn aber alles ihm (dem Auferstandenen) unterworfen sein wird, dann wird auch der Sohn selbst dem untertan sein, der ihm alles unterworfen hat, damit Gott sei alles in allem*" – so die wörtliche Übersetzung.

Die Versöhnung von Mensch und Welt mit Gott, die grundgelegt ist mit dem Tod und der Auferstehung des Jesus von Nazareth, ist vollendet.

Die Synthese der Auferstehungswahrheit in der Engelikone ist also durchaus bibelgerecht. Mit der Linken weist der Engel auf das leere Grab mit den zusammengefalteten

Leinenstücken. In der Rechten aber hält er den Botenstab der göttlichen Lebensmacht. Man muss wissen, dass die Ikonenmaler viel Wert auf die Hände legen; sie seien ein „zweites Antlitz". Die Flügel aber zeigen, dass die Schwere des Grabsteins überwunden ist zum Leben.

Wohin schaut der Engel? Auf mich, den die umgekehrte Perspektive des Grabsteins ins Bild hineinzieht. Ich soll mich treffen lassen vom Beten des sieghaften Weiß, soll in aller Mühe und jeder Bedrängnis zugleich den Jubel des paulinischen Auferstehungshymnus (1 Korinther 15,55) im Herzen tragen:

„Verschlungen ist der Tod zum Sieg. Tod, wo ist dein Sieg? Tod, wo ist dein Stachel? Gott sei Dank, der uns den Sieg geschenkt hat durch Jesus Christus, unseren Herrn."

Quellenverzeichnis der Gedichte

S. 39: Marie Luise Kaschnitz, *Auferstehung,* aus: Dies., Überallnie. Ausgewählte Gedichte 1928–1965. © 1965 Claassen Verlag, jetzt München.

S. 56: Rainer Maria Rilke, *Der Tod ist groß,* zitiert nach: Ders., Werke I,1. Insel Verlag, Frankfurt am Main ^{2}1982.

S. 60: Joseph von Eichendorff, *Schläft ein Lied,* zitiert nach: Ders., Werke in vier Bänden, Bd. 1. Verlag Luzia Prösdorf, Köln 1965.

S. 64: Jochen Klepper, *Die Nacht ist vorgedrungen,* zitiert nach: Gotteslob. Katholisches Gebet- und Gesangbuch Nr. 111.

S. 65: Rainer Maria Rilke, *Herbst,* zitiert nach: Ders., Werke I,1. Insel Verlag, Frankfurt am Main ^{2}1982.

S. 65: Antje S. Nägeli, *Heimkehren,* aus: Dies., Die Nacht ist voller Sterne. © 1987/2001 Verlag Herder, Freiburg im Breisgau.

S. 68: Erich Fried, *Bevor ich sterbe,* aus: Ders., Lebensschatten. © 1981, NA 2001 Verlag Klaus Wagenbach, Berlin.

S. 69: Ingeborg Bachmann, *Wahrlich,* aus: Dies., Werke. Werke, Band 1. © 1978 Piper Verlag, München.

S. 86: Nelly Sachs, *Chor der Wolken,* aus: Fahrt ins Staublose. Die Gedichte der Nelly Sachs. © 1961 Suhrkamp Verlag Frankfurt am Main.

S. 105: Rose Ausländer, *Unvollendet,* aus: Dies., Hügel aus Äther unwiderruflich. Gedichte und Prosa 1966–1975. © 1984 S. Fischer Verlag GmbH, Frankfurt am Main.

S. 123: Rose Ausländer, *Ritual,* aus: Dies., Hügel aus Äther unwiderruflich. Gedichte und Prosa 1966–1975. © 1984 S. Fischer Verlag GmbH, Frankfurt am Main.

S. 143: Rose Ausländer, *Bruchteil,* aus: Dies., Hügel aus Äther unwiderruflich. Gedichte und Prosa 1966–1975. © 1984 S. Fischer Verlag GmbH, Frankfurt am Main.

S. 154: Johanna Kurić, *Bei dir.* © bei der Autorin

S. 170: Wisława Szymborska, *Danksagung,* aus: Dies., Hundert Freuden. © 1996 Suhrkamp Verlag, Frankfurt am Main.

S. 191: Nelly Sachs, *Flucht und Verwandlung,* aus: Fahrt ins Staublose. Die Gedichte der Nelly Sachs. © 1961 Suhrkamp Verlag, Frankfurt am Main.

Die Herausgeber

Sr. Johanna Kurić, geb. 1966, studierte Neuere Deutsche Literaturwissenschaft, Germanistische Mediävistik und kath. Theologie in München. Ab 1991 in der Schelling-Kommission an der Bayerischen Akademie der Wissenschaften (BAdW), von 1993 bis 2002 wissenschaftliche Mitarbeiterin bei der Kepler-Kommission an der BAdW, die das Gesamtwerk von Johannes Kepler ediert. Promotion in Germanistik 1999. 2002 Eintritt in das Karmelitinnenkloster in Dachau.
Veröffentlichungen: Was ist das Andere auf das ihr Steine werft? Das Denken der Alterität in der Lyrik von Nelly Sachs (Diss.), St. Ottilien 1999. Mitwirkung bei: Johannes Kepler Gesammelte Werke (KGW). Hrsg. von der Kepler-Kommission der Bayerischen Akademie der Wissenschaften. Band XX,2: Manuscripta astronomica (II) und Band XXI,1: Manuscripta astronomica (III), München 1998 und 2002.
Karmelitinnenkloster Heilig Blut, Alte Römerstr. 91, 85221 Dachau

Josef Raischl, geb. 1958, studierte kath. Theologie und franziskanische Spiritualität in Eichstätt, Canterbury und Rom und Sozialarbeit in München. Er arbeitet seit 1992 im Christophorus Hospiz Verein München vor allem im Bereich der häuslichen Sterbebegleitung. Darüber hinaus ist er Mitglied der Franziskanischen Gemeinschaft und leitet Exerzitienkurse zur franziskanischen Spiritualität weltweit.
Veröffentlichungen u.a.: André Cirino OFM, Josef Raischl, Auf Gott zugehen. Exerzitien im Geist des Franz von Assisi. München 1999; dies. (Hg), Franciscan Solitude. New York 1995; Josef Raischl, Soziale Arbeit im Umfeld von Sterben, Tod und Trauer, in: G. Everding. A. Westrich, Würdig leben bis zum letzten Augenblick. München ²2001. S. 32 – 40; Josef Raischl (Hg.), Mit Courage und Tatkraft zur Rettung Assisis. Assisi 1998.
Egerer Str. 17 A, 85221 Dachau

Die Autorinnen und Autoren

Karl-Ernst Apfelbacher, Dr. theol., geb. 1940, studierte in Freiburg i. Br. und München kath. Theologie; 1966 Priesterweihe; 1977 Promotion bei Heinrich Fries; seit 1984 Pfarrer in St. Ursula, München-Schwabing. Veröffentlichungen u.a.: Selig die Trauernden. Kulturgeschichtliche Aspekte des Christentums. Regensburg 2002.

Roswitha Ebersberger M.A., geb. 1946, Historikerin und Krankenschwester; seit 1992 medizinisch-pflegerische Palliativfachkraft im Ambulanten Hospiz- und Palliativberatungsdienst des Christophorus Hospiz Vereins e.V. München; tätig auch in der Fortbildung von medizinisch-pflegerischen Fachkräften.

Andreas Ebert, geb. 1952, Pfarrer in St. Lukas, München; Studienleiter für Spiritualität an der ev. Stadtakademie München; Autor spiritueller Bücher (u.a. „Das Enneagramm" mit Richard Rohr); Meditationslehrer (Jesusgebet).

Elke Eilert, geb. 1960, Pfarrerin und Seelsorgerin am Kreiskrankenhaus München-Pasing.

Peter Frör, geb. 1942, ev. Pfarrer; seit 1985 Krankenhausseelsorger am Klinikum der Ludwig-Maximilans-Universität München, Standort Großhadern; seit 1977 Supervisor für Klinische Seelsorgeausbildung (KSA/DGfP); Lehrsupervisor; Arbeitsschwerpunkte: Seelsorge auf Intensivstationen, Aus-, Fort-, und Weiterbildung von haupt- und ehrenamtlichen SeelsorgerInnen und pastoralpsychologische Supervision.

Erika Heusler, Dr. theol., geb. 1960, Supervisorin (DGfP), NLP-Master-Practitioner und Sozialmanagerin (IF); 1991–1992 Seelsorgerin an den Universitätskliniken Heidelberg; 1992–2001 Bildungsreferentin im Haus Tobias, Bildungs- und Begegnungszentrum der Diözese Augsburg und Seelsorgerin am Klinikum Augsburg; 2001 Professorin für Biblische Theologie an der Kath. Fachhochschule Freiburg i. Br., Lehre der Bioethik und Pflegeethik.

Marion Küstenmacher, geb. 1956, ev. Theologin und Germanistin; langjährige Programmlektorin im Claudius Verlag, München; Arbeit in der Erwachsenenbildung mit Schwerpunkt „Persönlichkeitsentwicklung und Spiritualität"; Enneagramm-Trainerin; Redakteurin des monatlichen Info-Dienstes „simplify your life"; Autorin und Herausgeberin spiritueller Bücher.

Waldemar Pisarski, geb. 1942, Theologe, Supervisor und Gestalttherapeut; 10 Jahre Pfarrer am Universitäts-Klinikum Großhadern; 1985 Pfarrer an der Versöhnungskirche in der KZ-Gedenkstätte Dachau; 1991 Leiter eines ev. Bildungszentrums in Augsburg; 2000 Kirchenrat und theologischer Leiter der AG Ev. Erwachsenenbildung. Veröffentlichungen: Das Sterben ins Leben holen. Kinder beim Trauern begleiten. Diakonisches Werk Bayern. Bayer. Landesverband Evangelischer Tageseinrichtungen und Tagespflege für Kinder e.V., 1997; Anders trauern, anders leben, Gütersloh 62001; Gott tut gut. Salbungsgottesdienste. Grundlagen und Modelle. München 2000

Bernadette Raischl, geb. 1965, Bewegungsanalytische Tanztherapeutin (BWA) und Krankenschwester; freiberufliche Tätigkeit in Schulen, mit Menschen mit Behinderungen, Einzeltherapie, Fortbildungen, Prozessbegleitung für Krankenpflegepersonal, Religionslehrer; Leiterin in kreativem und meditativem Tanz.

Veronika Elisabeth Schmitt OCD, Dr. paed., geb. 1947, Ausbildung zur Grundschullehrerin; 1976 Eintritt in den Karmel; sie lebt heute im Kloster Heilig Blut in Dachau, wo sie schriftstellerisch und künstlerisch tätig ist (Ikonenmalerei).

Josef Sudbrack SJ, Dr. theol. habil, geb. 1925, Jesuit und Priester; einer der profundesten Kenner der mystischen Traditionen im deutschen Sprachraum; Lehrtätigkeit, u.a. Visiting Professor an der Harvard University Cambridge, USA; zahlreiche einschlägige Veröffentlichungen.

Karl-Dieter Ulke, Dr. phil. habil, Prof. em., geb. 1934 in Breslau, studierte Philosophie und Theologie in Erfurt, München und Köln; lehrte Philosophie an der Kath. Stiftungsfachhochschule (KSFH) München von 1981 bis 1999; weiterhin Lehrauftrag an der KSFH München; Zeitschriftenbeiträge und Vorträge; Bücher, Aufsätze, Rundfunksendungen.

Kontaktadressen

Dachverband der Hospizarbeit in Deutschland

Bundesarbeitsgemeinschaft Hospiz (BAG Hospiz)

Geschäftsstelle: Renkerstraße 45, 52355 Düren

Telefon: 02421/599472; Telefax: 02421/599473

e-mail: bag.hospiz@hospiz.net

Christophorus Hospiz Verein e.V. München

Rotkreuzplatz 2 A

80634 München

Telefon: 089/1307 87-0; Telefax: 089/1307 87-13

www.chv.org

e-mail: info@chv.org

Bücher, die Begleiter sind

René Juan Trossero
Stärker als Trauer ist die Liebe
Ein Wegbegleiter
2003, 64 Seiten, gebunden
ISBN 3-451-27987-8
Ein Buch der Achtsamkeit und des Trostes, das Menschen in Trauer begleitet. Feinfühlig und behutsam machen die Texte Mut, sich einzulassen auf alle Phasen der Trauer – bis hin zur tröstenden Gewissheit: Wer durch den Schmerz des Abschieds hindurchgeht, kann die Erfahrung machen, dass stärker als Trauer die Liebe ist – sie kann zur neuen Flamme, zu neuem Leben werden.

Antje Sabine Naegeli
Berührt von deinem Schmerz
Briefe an Menschen, die Leidenden nahe stehen
Neuausgabe 2003, 64 Seiten, gebunden
ISBN 3-451-28093-0
Hilfe für Helfende, Trost für Tröstende. Ein Buch für Menschen, die an der schweren Krankheit eines Nahestehenden buchstäblich mit-leiden. Wer für schwer kranke Menschen Verantwortung trägt – ob in Krankenhaus, Altenheim oder Hospiz, ob innerhalb der Familie, im Freundeskreis oder in der Nachbarschaft –, spürt hier eine unaufdringliche Nähe, die neuen Halt schenkt.

Antje Sabine Naegeli
Du hast mein Dunkel geteilt
Gebete an unerträglichen Tagen
Neuausgabe 2001, 120 Seiten, gebunden in Halbleinen
ISBN 3-451-27477-9
Was trägt noch an unerträglichen Tagen? Was man niemandem sagen kann oder will – kann man das beten? Klagen, das Herz ausschütten und Ausschau halten nach dem, der es kennt?
Dieses Buch hilft zu solchem Beten: Ehrliches, mitfühlendes Verstehen findet Worte, die erfüllt sind von Sehnsucht und Vertrauen. Worte wie ein Weg: nicht um vor dem Schmerz zu fliehen, sondern um zu erfahren, wohin wir mit ihm gehen können.